TÉCNICAS DE SOLOS
PARA**GUITARRA**COUNTRY

Aprenda Palhetada Híbrida no Country, Banjo Rolls, Licks e Técnicas

LEVI**CLAY**

FUNDAMENTAL**CHANGES**

Técnicas de Solos Para Guitarra Country

Aprenda Palhetada Híbrida no Country, Banjo Rolls, Licks e Técnicas

Por Levi Clay

ISBN: 978-1-78933-104-2

Publicado por **www.fundamental-changes.com**

Copyright © 2019 Fundamental Changes Ltd.

Tradução: Daniel Bosi

O direito moral desse autor foi declarado.

www.fundamental-changes.com

Mais de 10.000 curtidas no Facebook: **FundamentalChangesInGuitar**

Instagram: **FundamentalChanges**

Para mais de 350 aulas gratuitas de guitarra com vídeos, acesse

www.fundamental-changes.com

Imagem da capa: Levy Clay e Fundamental Changes Ltd.

Sumário

Introdução

Poucos gêneros musicais são tão enganosamente técnicos como a música country.

Cresci como um fã de rock, metal e shred, e sempre estive ciente de músicos como Albert Lee e, quando eu via suas músicas em revistas de guitarra, eu sempre pensava: "Uau... Nunca vou conseguir tocar isso!" Quinze anos depois, posso dizer que talvez eu esteja chegando lá.

Quanto mais eu mergulhava no gênero, mais admiração eu desenvolvia pelos guitarristas. Não só eles geralmente possuem um alto nível de técnica, mas também é um estilo que é executado com tons brilhantes e cristalinos, de modo que não há onde se esconder na banda.

De mestres da palhetada como Doc Watson, a experts da guitarra elétrica como Albert Lee e Brent Mason, a talentosos cantores e compositores que apimentam suas músicas com palhetadas incríveis como Brad Paisley e Keith Urban; há muito a dominar nesse estilo.

Não se engane: é preciso muita dedicação para poder tocar em uma performance de country onde a guitarra é o elemento principal, e fazê-lo com a confiança que você precisa para ter sucesso.

Este livro ensina as técnicas avançadas necessárias para tocar violão e guitarra country de alto nível. Não é para quem acabou de começar e por isso eu recomendo o meu livro *Guitarra Country Para Iniciantes*.

O foco aqui também não são os solos simples baseados na Pentatônica. Embora essa seja uma parte importante do arsenal de qualquer guitarrista, este livro é sobre o estilo "*Hot Country*", voltado para a técnica.

Esses conceitos, no entanto, não são apresentados apenas de um ângulo técnico. Também é importante aprender a aplicação teórica das técnicas. Todos os exemplos serão ensinados de uma perspectiva harmônica. Você aprenderá onde e por que os licks funcionam.

Depois de nove capítulos explorando os principais conceitos da guitarra country técnica, escrevi dois solos completos em uma música original composta para este livro. Estes solos usam todas as técnicas abordadas e podem ser tocados com as faixas de apoio para download.

O próximo passo lógico em seu desenvolvimento é aprender o máximo de vocabulário estilístico possível, seja por transcrição de músicas, ou de um bom livro como meu título mais vendido, 100 Licks Clássicos de Country Para Guitarra.

A música é uma língua e os licks que tocamos são as palavras e o vocabulário. Isso é algo que você pode adotar imediatamente. Memorize cada *lick* ou ideia que você aprender neste livro. Cante-os, toque em tons diferentes e use esses *licks* sobre faixas de apoio.

Faça música.

É fácil se envolver durante a prática, sempre insistindo por mais algumas batidas do metrônomo (é fácil acompanhar o progresso quando algo é mensurável). Isso é importante, mas não perca de vista o desenvolvimento de mais ideias musicais, seus ouvidos e um ótimo fraseado.

Minha dica final é sobre tom. Embora a guitarra country possa ser tocada com qualquer tipo de guitarra, a Telecaster é a rainha por um motivo. Não importa qual guitarra você escolha, sinta-se confortável ouvindo o captador da ponte com aumento nos agudos do amplificador. Você nem sempre tocará com essas configurações, mas geralmente é disso que você precisa. Quando estiver satisfeito com este tom, você ficará confortável com qualquer coisa.

Não há regras sobre amplificadores, mas um tom limpo no estilo de um Fender, ou até mesmo um Vox, é muito mais comum no gênero do que um Marshall ou um Mesa Boogie. Um pedal de compressor simples é um efeito sutil e difícil para o ouvinte perceber, mas, como guitarrista, você geralmente vai depender dele para o seu som.

Como referência, gravei todos os exemplos de áudio em uma Fender Telecaster Road Worn Mexicana, com captadores Joe Barden Danny Gatton (os captadores mais brilhantes que já ouvi). A execução foi feita através de um amplificador *Kemper Profiling*, usando um *Dr Z MAZ 18 NR profile* oficial com um toque de *reverb* e compressão.

Muito tempo foi necessário para acertar as gravações de áudio, por isso, vá ao site www.Fundamental-Changes. com para baixá-las. Elas são o seu guia sobre como você deve tocar. Ouça com atenção!

Boa sorte!

Levi

Obtenha o áudio

Os arquivos de áudio para este livro estão disponíveis para download gratuito no site **www.fundamental-changes.com**. O link está no canto superior direito da página. Basta selecionar o título deste livro no menu e seguir as instruções para obter o áudio.

Recomendamos que você baixe os arquivos diretamente no seu computador, não no seu tablet, e extraia-os no computador antes de adicioná-los à sua biblioteca de mídia. Você pode então colocá-los no seu tablet, iPod ou gravá-los em um CD. Na página de download há um PDF de ajuda e nós também oferecemos suporte técnico pelo formulário de contato.

Kindle / Leitores de e-books

Para obter o máximo deste livro, lembre-se que você pode **dar dois toques sobre qualquer imagem para ampliá-la**. Desative a visualização em coluna (vertical) e segure seu Kindle em modo paisagem.

Mais de 10.000 curtidas no Facebook: **FundamentalChangesInGuitar**

Instagram: **FundamentalChanges**

Para mais de 350 aulas de guitarra com vídeos acesse:

www.fundamental-changes.com

Capítulo Um: Tríades

A maior diferença entre a guitarra rock e a guitarra country é a ênfase colocada na harmonia.

No rock, os músicos podem tomar uma música como *Stairway to Heaven* e, ao observarem que os acordes do solo são A menor, G maior e F maior, concluírem que a progressão é na tonalidade de A menor. Neste ponto, os detalhes da progressão são comumente ignorados em favor de um entendimento de que uma única escala se encaixa perfeitamente, usando apenas a escala de A menor pentatônica (A, C, D, E, G) ou a escala de A menor natural (A, B, C, D, E, F, G).

Embora alguns músicos de country usem uma abordagem similar, ser mais cuidadoso com os acordes resultará em uma melhora instantânea na sua sonoridade de country.

Minha abordagem é extremamente simples. Eu não vejo os acordes como sendo uma seleção acessória de notas tomadas de uma escala que estou tocando. Para mim, os tons dos acordes são primordiais e, em seguida, notas são adicionadas para formar uma escala. É uma diferença sutil, mas essa perspectiva terá um impacto significativo na sua forma de tocar.

Para que você possa aprender e entender essa abordagem de uma forma que será instantaneamente utilizável, utilizarei o sistema CAGED como base.

Tratarei do básico aqui, mas se você quiser um detalhamento mais completo, dê uma olhada no livro O Sistema CAGED e 100 Licks de Guitarra Blues de Joseph Alexander.

Observe o acorde de A maior com pestana a seguir. Provavelmente você já tocou este acorde muitas vezes, mas talvez não tenha notado as tríades que ele contém.

A major (E shape)

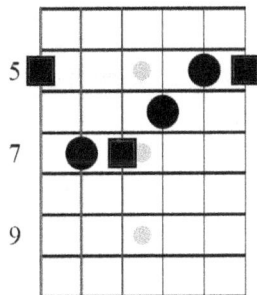

As notas nas três cordas do topo são as notas (A, C#, E) da tríade. Neste voicing, a tônica está no topo, conforme indicado pelo quadrado. Do grave ao agudo, as notas estão arranjadas em terça, quinta e tônica.

A major

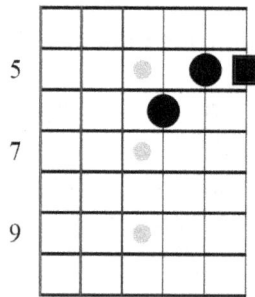

Se você fizer um movimento para as cordas D, G e B, descobrirá que a mesma coisa acontece. Todas as três notas da tríade estão presentes, apenas em ordem diferente. Aqui, a tônica é a nota mais grave do acorde e dá o voicing tônica – terça – quinta.

A major

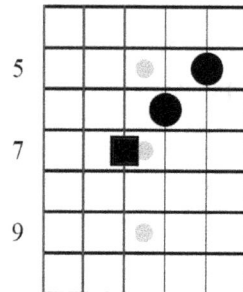

Você também pode mover isso para as cordas A, D, e G, para obter outra tríade. Agora, a tônica está no meio do acorde, dando o voicing quinta – tônica – terça.

A major

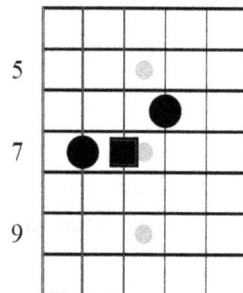

Eu costumo fazer um aquecimento ao tocar essas tríades como agrupamentos de três notas através do desenho. No exemplo a seguir, tomei o padrão de A maior com pestana e segmentei-o em tríades, para mover toda a ideia para cima até a casa dez e delinear um acorde de D maior. A beleza desse sistema é que se torna fácil de mover acordes pelo braço da guitarra.

Exemplo 1a:

Aqui está a mesma ideia, mas tocada como notas individuais através de cada agrupamento de três cordas.

Exemplo 1b:

Estes padrões podem ser tocados de muitas formas, que apresentarei nos capítulos posteriores. Nesse estágio, toque-os da forma mais confortável.

Usando apenas estes voicings de três notas é possível criar melodias bonitas e simples, sem pensar muito em escalas.

A única coisa que eu adicionei ao próximo exemplo é um slide para a nota C#. Você sempre pode tocar uma nota abaixo de um tom de acorde, desde que ela não caia em um tempo forte (mas há exceções). Não é necessário teoria, é uma simples tensão seguida de liberação.

Exemplo 1c:

O exemplo a seguir usa essa forma com pestana, movendo-a para cima e para baixo no braço da guitarra para delinear um blues simples de doze compassos, uma progressão comum na música country.

Uma melodia de dois compassos é tocada em torno da casa cinco e então repetida com uma variação pequena para manter o interesse.

Conforme o acorde muda para D maior, o padrão de acorde com pestana sobe no braço da guitarra para a casa dez, para criar uma sonoridade de D maior. A melodia original de dois compassos agora delineia um D maior, em vez de um acorde de A maior.

Depois de dois compassos, essa melodia desce no braço da guitarra e delineia um acorde de A maior novamente, antes de subir para a casa doze para delinear um E maior. Na sequência há um movimento para baixo até a casa dez, para o D maior, finalmente retornando para o A maior nos dois compassos finais.

Exemplo 1d:

Outra forma de usar esses padrões simples de tríades é explorar as notas um semitom abaixo de cada nota da tríade. Estes são chamados de *tons vizinhos cromáticos* e eles são uma forma de criar interesse melódico sem precisar se preocupar com as escalas "corretas".

Exemplo 1e:

É possível escrever um livro inteiro com exercícios e exemplos de melodias em torno deste único voicing de acorde, mas, para manter o movimento, olharemos agora para outra forma maior. Haverá vários licks mais tarde.

Dê uma olhada no desenho de C maior e nos agrupamentos de tríades dentro do voicing. A tônica do acorde em formato de C está na corda A e é tocada com o dedo quatro. Para tocar um acorde de A maior usando este voicing, o acorde deve ser movimentado de tal forma que a tônica seja tocada na casa doze, na corda A.

A major (C shape)

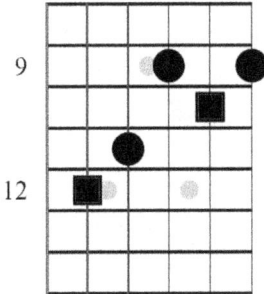

Assim como no desenho de E, as tríades estão delineadas claramente.

Exemplo 1f:

Um ótimo exercício é fazer um ciclo entre ambas as posições do acorde de A maior. Visualize o acorde grande de cinco ou seis cordas, mas apenas toque as seções pequenas dele.

Exemplo 1g:

Como exercício, aqui estão os mesmos dois voicings, mas agora utilizados para delinear uma progressão de acordes de A maior para D maior. Para o acorde de A maior, use o desenho de C com a tônica na casa doze, ficando na mesma área para usar o desenho de E na casa dez, delineando o acorde de D maior.

Exemplo 1h:

Aqui está uma melodia simples que delineia a mudança de acordes nessa posição. Note como isso expressa os acordes mais precisamente do que apenas a escala de A maior, além de ser muito mais fácil.

Exemplo 1i:

Usando os mesmos dois desenhos, escrevi um lick que delineia A maior, D maior e E maior. Começando no compasso um com o desenho de C, uma tríade simples e descendente conecta no acorde de D maior ao pousar no F# da corda G.

O próximo desenho delineia uma tríade ascendente de E maior, usando o desenho de E, antes de resolver novamente no desenho de C, no acorde A maior.

Exemplo 1j:

Você pode ver o quão simples é tocar melodias interessantes ao longo do braço da guitarra, pensando em nada mais do que os acordes que você está tocando. As escalas são ótimas quando você precisar tocar muitas notas, mas usar desenhos de acordes mostra onde as melodias fortes e simples estão. Aprenda-os primeiro e adicione ornamentos enquanto pratica.

A posição final de tríade está construída em torno do desenho de A com pestana.

A major (A shape)

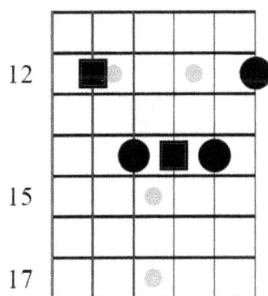

Isso também pode ser segmentado em voicings de três notas.

Exemplo 1k:

Você notará que é necessário sair da posição para o C# (casa dezesseis). Isso está no voicing do desenho de G. Ao tocar solos de country, você investirá a maior parte do seu tempo nas cordas mais agudas, mas, conforme você se desenvolve, descobrirá como esses desenhos se conectam de forma elegante.

Aqui está um exemplo de oito compassos que delineia a progressão de acordes anterior, utilizando os três desenhos de acorde. Assim como nos exemplos anteriores, perceba a qualquer momento que uma nota abaixo de um tom de acorde é tocada.

O compasso um usa o desenho de E, antes de mudar para o desenho de A no compasso dois, o desenho de C no compasso três, voltando para o desenho de E no compasso quatro.

Na segunda vez, a progressão começa no desenho de C, move-se para o desenho de E, para o acorde D maior, e, então, sobe um tom para o desenho de E do E maior. A sequência finalmente resolve no desenho de A para o acorde de A maior.

Exemplo 1l:

Essa abordagem pode ser utilizada em qualquer acorde maior, independentemente do estilo, mas é uma ótima forma de adicionar um toque de country a outros gêneros.

Aqui está um exemplo dessa abordagem sendo usada em uma progressão de acordes country-gospel em A maior. A7, B7, D7, D/E. Quase todos os músicos famosos tocaram essa progressão, de Jimmy Herring (Bilgewater Blues) a Cee Lo Green (Forget You).

Exemplo 1m:

Embora esses acordes possam conter mais notas, no fim das contas, eles são apenas acordes maiores.

A7 é uma tríade de A maior com um G adicionado.

B7 é uma tríade de B maior com um A adicionado.

D7 é um acorde de D maior com um C adicionado.

D/E é um acorde de D maior com um E no baixo.

Como tal, é possível solar sobre essa progressão utilizando as tríades básicas e notas de aproximação mostradas acima.

Exemplo 1n:

Essa abordagem só vai levá-lo até certo ponto, mas é uma ótima forma de mergulhar na sonoridade do country sem precisar saber muita teoria ou escalas.

Não subestime a importância das tríades, pois elas são a base sobre a qual tudo é construído e faço referência a elas constantemente. Invista tempo nelas e aprenda a visualizá-las em qualquer tom sem hesitação. Elas guardam a chave para tocar como Brent Mason, Albert Lee e muitas outras lendas.

Capítulo Dois: Escalas Maiores Pentatônicas

A escala Pentatônica Maior é a equivalente no country da escala Pentatônica Menor no rock.

A abordagem que guitarristas de rock com frequência usam com a escala pentatônica de C maior (C, D, E, F, G, A) é observar que ela contém algumas das mesmas notas que a escala pentatônica de A menor (A, C, D, E, G) e admitir que a coisa mais fácil a fazer é tocar o vocabulário de A menor sobre um acorde de C maior. Embora isso funcione no papel, na prática as coisas são diferentes. Um guitarrista experiente toca de forma diferente sobre A menor do que sobre C maior.

Por exemplo, aqui está um lick que utiliza a escala pentatônica de A menor, possível de ser tocado sobre um acorde de A menor.

Exemplo 2a:

A seguir, veja o mesmo lick, mas tocado sobre um acorde de C maior. Tecnicamente, estou tocando as mesmas notas da escala pentatônica de C maior, mas a sonoridade não fica boa.

Exemplo 2b:

A questão da sonoridade não se resume apenas às notas que você toca, mas *como* você as toca. Um *bend* comum de G para A (b7 para a tônica) é perfeito em um acorde de A menor, mas, sobre um acorde de C maior, o mesmo *bend* faz com que você execute a sexta, e é dissonante.

É mais eficaz aprender a escala Pentatônica Maior como notas adicionadas no topo das tríades que você já aprendeu.

Por exemplo, um acorde de C maior contém as notas C, E e G, então você apenas precisa adicionar as notas D e A para fazer uma escala Pentatônica Maior.

O exemplo a seguir mostra uma tríade de C maior no desenho de E, antes de tocá-la de novo adicionando D e A como notas Pentatônicas Maiores de conexão.

Exemplo 2c:

Esta não é a forma mais rápida ou mais fácil de aprender a escala, mas o ajudará a ficar atento aos acordes subjacentes e será extremamente útil no longo prazo.

Aqui está a escala Pentatônica Maior completa no desenho de E. Certifique-se de distinguir entre os tons de acordes (C, E e G) e as notas pentatônicas (D e A).

Exemplo 2d:

Veja a seguir uma série curta de *licks* tocados com esse desenho de escala.

A primeira ideia adere estritamente ao padrão da escala. Note como a melodia começa na tônica (C) e a primeira metade da frase termina na terça (E), no fim do segundo compasso. A segunda metade da melodia começa nessa terça (E) e termina no compasso final, na tônica (C).

Exemplo 2e:

A seguir, veja outra ideia relativamente simples que apenas usa as notas da escala. Você perceberá que a primeira e as últimas três notas são da tríade e ajudam o lick a soar "bem amarrado" com o acorde.

Exemplo 2f:

Aqui está outra frase de quatro compassos para lhe dar uma ideia de quantas ideias melódicas podem ser extraídas dessa escala simples. As possibilidades são infinitas.

Exemplo 2g:

A seguir, aprenda a escala Pentatônica Maior em torno do acorde com desenho de C. Em primeiro lugar, toque o acorde, então a tríade, então a escala Pentatônica Maior. Essa é uma forma excelente e organizada de trabalhar nessas escalas, para mantê-las amarradas à harmonia subjacente de tríade maior.

Exemplo 2h:

Aqui está a escala Maior Pentatônica construída em torno do desenho de A. Como antes, toque o acorde, a tríade, e então a escala Pentatônica. É importante ver a escala em torno da forma do acorde.

Exemplo 2i:

Agora que você conhece três posições da escala, aqui estão alguns *licks* que usam essas notas em posições diferentes para tocar melodias simples. Ao mudar de posição, visualize a forma grande de acorde subjacente à sua execução.

Este primeiro exemplo usa o desenho de E durante dois compassos, antes de subir para o desenho de C para aumentar a extensão da melodia.

Exemplo 2j:

O próximo exemplo move-se através das três posições, tocando motivos melódicos simples nas três cordas do topo antes de subir para desenvolver a ideia.

Exemplo 2k:

Essa ideia final começa alto no desenho de C e faz uma transição para o desenho de E no compasso três.

Exemplo 2l:

Para deixar tudo completo, há mais dois desenhos da Pentatônica Maior em torno dos desenhos de D e G. Essas são frequentemente utilizadas, especialmente ao mudar de posição, por isso não as negligencie!

Este é o desenho de G, tanto o acorde como a escala correspondente.

Exemplo 2m:

E aqui está o desenho de D.

Exemplo 2n:

No capítulo anterior, você aprendeu que soa muito bem tocar notas cromáticas um semitom abaixo de um tom de acorde. Isso ainda é aplicável na escala Pentatônica Maior. De fato, é um ingrediente chave do que é conhecido como a *escala do Country*.

Ao tocar a escala pentatônica de C maior (C, D, E, G, A) uma nota comum de aproximação a adicionar é a Eb (a terça menor que leva ao E, a terça). Isso resulta em uma ascensão cromática suave do D para o Eb e para o E. A escala Maior Pentatônica com uma terça menor é frequentemente chamada de a escala de Country.

Aqui está a escala de Country em C tocada no desenho de E. A nota Eb é tocada na sexta casa da corda A, e na oitava casa da corda G. Para dar uma sonoridade mais country, escolhi o Eb e deslizei até o E. Este movimento da terça menor para a terça será ouvido repetidamente ao longo do livro, pois é um componente importante de muitos licks do country.

Exemplo 2o:

Esta escala é melhor digitada de uma forma um pouco diferente ao descender, pois soa melhor fazer um *slide* ou *pull-off* do Eb para o D. Você notará que o Eb está deslocado para a corda E grave no final.

Exemplo 2p:

Aqui está aquela escala tocada de forma ascendente e descendente, para ficar mais completo. Note as diferentes digitações na parte da tablatura.

Exemplo 2q:

O lick a seguir é frequentemente chamado de "o lick clichê de country", pois é uma parte tão onipresente da música country e é tocada inúmeras vezes ao longo do livro. Aqui ele está apresentado em torno do desenho de E. Lembre-se que a tríade pode sempre ser adicionada para pontuar solos.

Exemplo 2r:

O exemplo a seguir mostra a escala de country tocada de forma ascendente e descendente em torno do desenho de C. Isso certamente não é muito prático em tempos rápidos, mas lembre-se que essa escala é tocada em fragmentos curtos em um contexto de solo e raramente como uma escala ascendente ou descendente completa.

Exemplo 2s:

O exemplo a seguir mostra o lick clichê de country tocado na mesma posição.

Exemplo 2t:

Por fim, toque a escala de Country em torno do desenho de A. Como aconteceu com o desenho anterior, não é ideal para execuções rápidas, mas o conceito do fraseado é sólido.

Exemplo 2u:

Finalmente, toque o *lick* clichê na mesma posição. Você notará que eu tive que subir no braço da guitarra para tocar a tônica na nota E aguda, finalizando o *lick*.

Exemplo 2v:

Outra forma ótima de praticar e usar a escala de Country é utilizar o movimento da terça menor para a terça como uma forma de mudar de posição.

Ao tocar a escala de Country em torno do desenho de E, a terça menor foi tocada na corda A, apesar de ser facilmente acessível na corda E grave. Isso é para permitir que você deslize da terça menor para a terça. Isso ainda pode ser feito ao tocar a terça menor na corda E, mas resultará em uma mudança do desenho de E para o desenho de D.

Exemplo 2w:

Este próximo exemplo funciona bem no desenho de A como uma forma de ascender para o desenho de G. É um movimento incrivelmente útil que facilita mudanças rápidas de posição que sobem pelo braço da guitarra.

Exemplo 2x:

O próximo exemplo começa no desenho de A, fazendo uma transição para cima através do desenho de G para o desenho de E.

Exemplo 2y:

Por fim, é possível tocar outras notas de aproximação cromática, embora essas sejam usadas menos frequentemente.

Este exemplo apresenta a escala Pentatônica Maior, com um Gb adicionado (um semitom abaixo da quinta). Não é uma nota que eu toco com frequência, mas adiciona um ótimo *Western Swing* para a escala.

Exemplo 2z:

As possibilidades são infinitas e, ao desenvolver suas técnicas de solos no country, você verá esses conceitos sendo utilizados muitas vezes. Conforme você progredir neste livro, analise cada ideia para ver se é possível encaixá-la em torno de uma tríade ou escala Pentatônica Maior.

Capítulo Três: Juntos Novamente

Agora que você já possui algum conhecimento sobre solos no seu repertório, vale a pena analisar a música que você consegue fazer com esses conceitos importantes, antes de desenvolver os outros aspectos técnicos da sua forma de tocar.

A parte não complicada da guitarra country é frequentemente esquecida quando ficamos impressionados por demonstrações técnicas incríveis de músicos como Johnny Hiland e Albert Lee. No entanto, para cada músico técnico há centenas de músicos que entretiveram gerações com habilidade técnica mínima. Tocar rápido é uma coisa, mas fazer homenagem a grandes músicos melódicos como Don Rich, Willie Nelson, Merle Haggard e Waylon Jennings também é importante.

Para desenvolver este lado da sua execução no country, tomei uma progressão simples de acordes I IV V, como você pode encontrar em Together Again de Buck Owens, e também escrevi algumas ideias simples de solos que usam os conceitos vistos até aqui.

Em primeiro lugar, vamos entender a progressão de acordes.

A progressão é uma I IV V no tom de D maior (D, E, F#, G, A, B, C#), portanto, os acordes são D maior (I), G maior (IV) e A maior (V).

Como os acordes contêm apenas notas da escala de D maior, é possível solar com apenas a escala de D maior.

Dito isso, a não ser que você seja extremamente sortudo ou tenha um ouvido altamente desenvolvido, esta abordagem é bastante arriscada, pois nem todas as notas soam bem sobre cada acorde. Por exemplo, C# soa estranho sobre o D maior e nada country sobre o G, mas soa muito bem sobre o acorde de A maior.

Exemplo 3a:

Ao olhar para a escala pentatônica de D maior você pode acabar mal, pois qualquer nota dessas soa muito bem sobre D maior, mas as mesmas ideias soarão um pouco "fora" sobre os outros dois acordes.

Exemplo 3b:

O próximo exemplo é um solo curto que usa apenas as notas da tríade corrigida em cada acorde, juntamente de algumas notas de aproximação cromática para adicionar interesse.

O solo começa com um desenho de E na décima casa para o D maior, movendo para o desenho de A quando o acorde muda para G maior e, então, o desenho de C quando o acorde muda para A maior.

Exemplo 3c:

Outra forma de delinear essa progressão de acordes é utilizando escalas Pentatônicas Maiores construídas sobre cada acorde. Em outras palavras, toque D maior pentatônica (D, E, F#, A, B) sobre o D maior, G maior pentatônica (G, A, B, D, E) sobre o G maior e A maior pentatônica (A, B, C#, E, F#) sobre A maior.

Soa óbvio, mas essa aplicação é mais desafiadora e bastante recompensadora.

O próximo exemplo mostra como tocar a escala Maior Pentatônica ascendente através de cada acorde em uma mistura de desenhos de E e C. A sonoridade é ótima porque cada melodia soa como se estivesse "respeitando" e destacando o acorde, e é comum estilisticamente.

Exemplo 3d:

Aqui está outro solo que utiliza o mapa básico do braço da guitarra, mas não usa a mesma ideia repetidamente. É mais musical, embora possa ser um pouco desafiador de controlar onde você está. No entanto, a partir do momento que você tenha investido tempo para ver as tríades básicas, você não deve enfrentar muitos problemas.

Exemplo 3e:

Aprenda o solo a seguir. Ele consiste no lick de country clichê tocado sobre a progressão de várias formas diferentes. Esta é uma forma fantástica para desenvolver conhecimento sobre o braço da guitarra enquanto você faz música.

Exemplo 3f:

Veja a seguir exemplos mais desafiadores que usam tríades, a escala de country e alguns *bends* simples.

O compasso um começa com o *lick* clichê no desenho de C subindo para o desenho de A. Quando o acorde muda para G maior, uma ideia descendente com bends é tocada na escala pentatônica de G maior. Uma variação leve disso é tocada sobre o acorde A maior antes de terminar com uma ideia com bends no desenho de C sobre o acorde D maior.

A segunda metade do solo apresenta mais notas, mas ainda é um conceito simples, tocado primeiramente em torno do acorde D maior no desenho de E, mudando para uma tríade simples em G maior sobre o G maior. Em seguida, uma ideia mais cheia, usando o desenho de C, é tocada sobre o A maior, antes de terminar com um *lick* com bends na primeira parte do solo.

Exemplo 3g:

Você rapidamente notará que é bastante fácil tocar algo agradável sem tentar ser muito esperto. Together Again é um *standard* clássico do country onde as melodias e solo são tradicionalmente tocados na guitarra pedal steel. Estes são formados a partir de variações sutis da melodia vocal.

Recomendo que você ouça a versão de Buck Owens no seu álbum Live at Carnegie Hall, ou mesmo a interpretação de Vince Gill com Paul Franklin no álbum Bakersfield.

Aqui está um solo final, baseado na melodia vocal com ornamentos simples das tríades e da escala country.

Exemplo 3h:

Para aprofundar o treinamento do seu ouvido conforme apresentado no capítulo anterior, invista tempo ouvindo cada um desses solos antes de seguir em frente. Quando eles estiverem gravados na sua mente, tente tocá-los de novo, mas tente ouvir as notas que você está prestes a tocar *antes* de tocá-las.

Lembre-se que são os seus ouvidos que mandam!

Capítulo Quatro: Habilidades de Palhetada Alternada

Embora uma abordagem pautada por técnica nem sempre seja o carro-chefe do country, isso não significa que não devemos estudar essa abordagem, incorporando-a na sua sonoridade. No entanto, técnica de guitarra country não é tratada da mesma forma metódica que é em outros gêneros como rock ou metal.

Ainda há um grande número de seguidores de guitarristas com alta habilidade técnica, que muitas vezes vêm do bluegrass. Doc Watson foi precursor disso nos anos 1960, Tony Rice expandiu os horizontes nos anos 1970, e a tocha ainda é carregada por incríveis *flat pickers* como Carl Miner e David Grier. Confira o *National Flatpicking Championship* para ver alguns jovens músicos talentosos e cheios de técnica!

Quando se trata de palhetada alternada, alguns professores farão tudo o que estiver ao seu alcance para tocar escalas com quantidades consistentes de notas por corda. Embora existam benefícios óbvios para isso (como mecânica consistente para cruzar as cordas), existem algumas desvantagens.

Em primeiro lugar, embora seja fácil organizar uma escala maior em uma digitação de três notas por corda ou uma escala Pentatônica em um padrão de duas notas por corda, que tal a escala country? Essa escala de seis notas não é prática quando tocada como um padrão estrito de três notas por corda.

Exemplo 4a:

Você também pode ter notado que a maior parte das músicas consistem em algumas escalas tocadas para cima e para baixo tão rápido quanto possível.

Um guitarrista bom com palhetada alternada não procura atalhos ou desculpas, e não há a necessidade de arranjar as escalas em digitações específicas. A regra é tocar "para baixo, para cima, para baixo, para cima", o que quer que esteja sendo executado.

Vamos olhar para uma escala de country ascendente e descendente tocada com palhetada alternada estrita. Toque a primeira nota com uma palhetada para baixo, a próxima com uma palhetada para cima e repita tudo.

Incluí indicações de palhetada para todos os exemplos a seguir. Esta notação de palhetada pode ser confusa, pois o símbolo de uma palhetada para cima parece ser uma flecha apontando para baixo. Este sistema foi originado na notação de violino e cada marcação simboliza o fim do movimento do arco. Uma palhetada pra baixo marca o talão do arco, e uma palhetada para cima marca a ponta do arco.

Exemplo 4b:

O aspecto problemático da palhetada alternada é cruzar as cordas, e há duas mecânicas que precisam ser dominadas: a *palhetada por fora* e a *palhetada por dentro*.

A palhetada por fora ocorre quando uma corda é tocada e a palheta passa a corda seguinte para executar a próxima palhetada. Para baixo da corda D e para cima na corda G. Isso cria uma sensação de estar fora das cordas.

Exemplo 4c:

O movimento pode ser exagerado ao tocar as cordas A e B, o que dá um sentimento maior do "movimento por fora".

Exemplo 4d:

No exemplo a seguir, você notará que todas as mudanças de cordas requerem palhetada por fora. Alguns guitarristas favorecem essa mecânica e estruturam seus *licks* em torno disso. Não há nada de errado com essa ideia, porque tomar uma mecânica na qual você é bom e explorá-la pode ser uma ótima forma de avançar com a sua técnica.

Exemplo 4e:

Embora restringir a palhetada funcione para muitos guitarristas, eu gosto de evitar quaisquer limitações autoimpostas, pois eu nunca sei o que podem solicitar que eu toque amanhã. É por esse motivo que eu investi muito tempo trabalhando no parente menos popular da palhetada por fora, a palhetada por dentro.

A palhetada por dentro é a técnica onde você toca uma corda, e então toca a próxima corda sem cruzá-la primeiro.

O exemplo a seguir começa com uma palhetada para baixo na corda G, seguida de uma palhetada para cima na corda D. Dessa vez, a palheta parece presa entre as cordas. É bastante importante se sentir confortável e preciso com esse movimento.

Exemplo 4f:

O próximo exemplo exagera esse movimento entre as cordas B e A para destacar essa mecânica. Isso com frequência requer muito trabalho para ficar confortável. Seu objetivo é fazer isso com precisão e rapidez sem olhar para as cordas.

Exemplo 4g:

Veja um exemplo a seguir baseado na escala de country em C (desenho de E) que usa tanto palhetada por dentro e por fora. Isso destaca por que trabalhar em ambas as mecânicas é essencial. Todas as notas desse lick devem parecer fortes.

Exemplo 4h:

Agora que você entende essas mecânicas básicas da palhetada alternada, é hora de usar essas habilidades para introduzir outros sons importantes do arsenal dos guitarristas de country: a escala mixolídia.

Como tudo que foi visto anteriormente, a nova sonoridade será construída sobre o que você já sabe.

A escala pentatônica de C maior (C, D, E, G, A) contém os intervalos de tônica, segunda, terça, quinta e sexta. A escala mixolídia adiciona a quarta (F) e a sétima menor (Bb).

Aqui está a sétima menor (Bb) adicionada a uma tríade de C maior no desenho de E. O objetivo é aprender onde esse intervalo repousa no desenho de E, de tal forma que possa ser usado em conjunção com quaisquer outras abordagens que você esteja usando.

Exemplo 4i:

A seguir, a escala completa é tocada ascendendo e descendendo no desenho de E. Você notará que há uma mistura de palhetada por dentro e por fora, mas o padrão geral é uma palhetada alternada consistente!

Exemplo 4j:

Aqui está uma forma divertida de segmentar a escala para criar um sabor de country. O primeiro C é tocado, seguido pela nota uma sexta acima (A). Então o D é tocado, seguido pela nota uma sexta acima (Bb). Em seguida E seguido de C, e assim por diante. Essencialmente você está tocando uma escala mixolídia ascendente em sextas.

Este exercício também serve para a sua palhetada por fora.

Exemplo 4k:

As notas na escala pentatônica de C maior soam "em casa" com um acorde C6 (C, E, G, A), mas o modo mixolídio introduz uma sétima menor que delineia uma sonoridade de C7 (C, E, G, Bb).

Uma forma excelente de praticar essa sonoridade e desenvolver um ótimo exercício de palhetada alternada é tocar o arpejo de C7 completo.

Exemplo 4l:

Aqui está uma linha interessante, que combina ideias da escala mixolídia em C e do arpejo em C7. Note como eles ajudam a delinear um acorde C7. A linha começa em um tom de acorde (G) e termina em outro tom de acorde (E). Na verdade, qualquer coisa que não seja um tom de acorde é apenas uma forma melódica de conectar dois tons de acordes.

Exemplo 4m:

Com frequência, guitarristas lutam com a parte descendente do arpejo do exemplo anterior. A técnica usada é o ápice da palhetada country de alto nível: o *crosspicking*.

Crosspicking é o nome dado às partes palhetadas com rapidez que são tocadas com apenas uma nota por corda. Essas são as ideias mais difíceis para palhetar, pois elas requerem maestria das palhetadas por fora e por dentro.

Aqui está uma ideia simples ascendente que usa C maior e isola esse conceito de *crosspicking*.

Exemplo 4n:

Aqui está aquele conceito aplicado às tríades de C maior, G maior, F maior e C maior nas cordas D, G e B.

Exemplo 4o:

O próximo exemplo toma o *roll* ascendente (ou avançado) anterior e o reverte.

Exemplo 4p:

Esse próximo padrão de *crosspicking* se move para cima e para baixo por uma tríade de G e inclui um salto da corda D para a B.

Vá com calma e acelere com o tempo.

Exemplo 4q:

A mesma ideia de *crosspicking* pode ser usada para delinear progressões de acordes, como no próximo exemplo, onde aumentei as subdivisões rítmicas para semicolcheias.

Exemplo 4r:

Há inúmeras formas de usar essas ideias de *crosspicking* efetivamente, e uma quantidade ilimitada de progressões de acordes para usar como base. Isso é demonstrado pela seguinte progressão em estilo pop. Ela é tocada em cordas mais graves e usa abafamento do início ao fim.

Exemplo 4s:

Conforme suas habilidades de *crosspicking* se desenvolvem, você será capaz de incluir ideias rápidas de uma nota por corda nos seus solos. O exemplo a seguir delineia os acordes C7 e D7 nas quatro cordas mais graves. Brent Mason toca algo similar a isso no seu solo em Pick It Apart, e é de cair o queixo!

Exemplo 4t:

Aqui está um *lick* final que combina tudo que foi estudado até aqui, e delineia um acorde C7 no desenho de E.

Exemplo 4u:

Assim como todas as técnicas deste livro, eu poderia dedicar centenas de páginas para essas ideias, mas isso deve ser mais que suficiente como ponto de partida, servindo de inspiração para que você desenvolva a técnica ainda mais.

Lembre-se: há outras quatro posições do sistema CAGED a serem exploradas e cada uma dessas possuem suas próprias escalas Pentatônicas, Country e Mixolídias, além de arpejos, inúmeros licks e ideias musicais. Dedique algum tempo aplicando todos esses conceitos deste capítulo a posições diferentes, como o desenho de C.

Não espere resultados rápidos. Guitarristas renomados desenvolvem essas habilidades ao longo de muitos anos. Enquanto você será capaz de usar essas ideias imediatamente, levará tempo para desenvolver velocidade e fluência. Certifique-se que a sua mão direita esteja sempre relaxada, pois tensão pode causar lesões.

Capítulo Cinco: Legato

Uma das razões pelas quais os guitarristas que tem experiência no bluegrass precisam ser bons com palhetada é que, no mundo da música não amplificada, você não apenas precisa de muito ataque para ser ouvido, mas a sustentação de um violão é insignificante comparada a uma Telecaster amplificada com alguma compressão. O *sustain* e o volume facilitam o uso de diferentes métodos de articulação, como hammer-ons, slides e pull-offs quando solados.

O uso dessas técnicas oferece uma ampla variedade de opções tonais e também permite que a mão direita respire um pouco, enquanto a mão esquerda pode aproveitar um pouco de folga.

Aqui está um exercício simples que coloca os *hammer-ons* em uma ideia escalar ascendente. O segredo para a fluidez é manter o senso de onde a palhetada alternada deve ocorrer.

Exemplo 5a:

Olhe atentamente para as direções das palhetadas e você notará que eu incluí um movimento de palhetada entre parênteses. Esse é o movimento que você usaria se você estivesse palhetando. A palheta ainda deve agir como se estivesse palhetando, então mantenha o movimento, mas não toque a corda. Isso o ajudará a manter o tempo e, a longo prazo, fará você parar de pensar sobre o que você está fazendo enquanto toca as cordas.

Aqui está uma ideia um pouco mais longa usando a escala mixolídia em C com uma terça menor.

Exemplo 5b:

A próxima ideia sobe a maior parte do braço da guitarra e usa todas as cinco posições do sistema CAGED. Seria problemático palhetar, por isso usar legato torna mais fácil tocar e mudar de posição.

Exemplo 5c:

Veja outra ideia longa a seguir, cobrindo várias posições. O céu é o limite quando o assunto é o uso de legato para facilitar mudanças de posição. Você provavelmente encontrará centenas de *licks* como esse nos álbuns de Albert Lee.

Exemplo 5d:

Aqui está um *lick* avançado usando múltiplas mudanças de posição para delinear uma progressão de acordes A, D, E, A. Essa linha é mais desafiadora do que as outras pois usa tríades, conceitos da pentatônica maior e da escala mixolídia em cada acorde. Sua visualização precisa ser forte para improvisar *licks* como esses.

Exemplo 5e:

Este próximo *lick* é uma ideia em loop que desce do desenho de E para o G e volta para cima. Ideias como essa são ótimas para desenvolver técnica e velocidade.

Exemplo 5f:

O Exemplo 5g começa com uma ideia comum no desenho de C que irrompe ao ascender para o desenho de A.

Exemplo 5g:

É possível combinar legato com técnicas complicadas de palhetada como o *crosspicking*, conforme demonstrado neste acorde de C7 usando tríades de C maior, F maior e Bb maior com *slides* para facilitar as mudanças de posição.

Exemplo 5h:

Esta próxima ideia usa outra mistura da escala country e do modo mixolídio. Por hora, a palhetada deve ser praticamente automática, mas, conforme o seu tempo melhora, você pode acabar se afastando da palhetada prescrita.

Exemplo 5i:

Esta ideia cromática em A no estilo de Brent Mason e com cordas soltas é muito mais fácil com *slides*, mas tente palhetar cada nota como desafio e compare as sonoridades. Além de ser mais difícil tocar com cada nota palhetada, este solo também perde muito do seu charme.

Exemplo 5j:

Slides e *pull-offs* no country não são características especiais da mesma forma que são no rock. Você provavelmente não ouvirá frases longas em legato no country, como podem ser ouvidas nas performances de Joe Satriani. Em vez disso, a técnica é usada para articular e facilitar as ideias, e o resultado é o som *hot picking* característico.

Todas essas técnicas não estão limitadas somente a colcheias. Aqui está uma ideia desafiadora que muda de posição e inclui *hammer-ons* e *pull-offs* com semicolcheias para adicionar interesse melódico.

Exemplo 5k:

Aqui está outra ideia que usa *hammer-ons* consecutivos e *pull-offs* em um *lick* que se descende do desenho de C para o desenho de E.

Exemplo 5l:

Por fim, este exemplo usa sextas em *slide* em um acorde de A maior e termina com um fraseado da escala do country no desenho de E.

Exemplo 5m:

Você pode notar que essas sextas com *slides* parecem mais fáceis quando tocadas com palhetadas para baixo na corda A e palhetadas para cima na corda G. Isso quebra as regras de palhetada alternada contínua estudadas mais cedo e trataremos isso no próximo capítulo!

Por fim, não há regras inquebráveis ao tocar música, mas não faz mal ter algumas diretrizes técnicas ao praticar. Trabalhe dentro delas e quebre-as assim que estiver no controle.

Capítulo Seis: Palhetada Híbrida

Uma parte integrante do vocabulário de um bom guitarrista de country é o uso dos dedos da mão direita para tocar as cordas em combinação com a palheta. Essa técnica é conhecida como palhetada híbrida, pois é uma combinação híbrida de palhetada e *fingerstyle*.

A palhetada híbrida tem um som único que é sinônimo da sonoridade country, embora, a princípio, possa parecer pouco natural. No entanto, com o tempo, ficará tão natural quanto (se não for ainda mais relaxado que) a palhetada alternada.

Eu mantenho as unhas da mão direita curtas, então eu toco com a polpa dos dedos. Muitos guitarristas de country mantêm as unhas longas ou usam unhas falsas de acrílico para dar-lhes um ataque mais parecido com uma palheta. Eu prefiro o som de palheta, mas eu também toco rock e costumo usar *tapping*, então há um grau de compromisso. Teste como a palhetada híbrida fica sem as unhas e, em seguida, deixe as unhas crescerem um pouco e veja se você gosta do som.

Este primeiro exemplo mostra uma sexta repetida nas cordas G e E. Use a palheta para tocar as notas na corda G com um movimento para baixo, depois use o dedo médio para tocar a corda E aguda. O dedo deve tocar a corda puxando-a para longe do violão, dando à nota um som agressivo quando a corda bater de volta no braço da guitarra.

Eu indiquei notas tocadas com a palheta da maneira normal e usei um "p" (pop) para indicar uma nota tocada com o dedo.

Exemplo 6a:

A seguir, toque essa ideia com sextas e *slides*. Como antes, use a palheta para tocar palhetadas para baixo na corda G e o dedo do meio para tocar a corda E aguda.

Exemplo 6b:

Esses exemplos iluminam a ideia que a mão direita nem sempre obedece de forma estrita ao movimento da palhetada alternada. Isso significa que você precisa ser cuidadoso com o seu *timing* ao tocar frases como essa, pois, com frequência, o movimento da palhetada alternada o ajuda a acertar o tempo.

Certifique-se de que as colcheias estejam igualmente espaçadas ao praticar com um metrônomo ou um *sampler* de bateria.

Ao executar a palhetada híbrida, as notas não precisam ser tocadas separadamente. Você pode usar a palheta e o dedo para tocar duas notas ao mesmo tempo, como mostrado no exemplo a seguir.

Exemplo 6c:

No exemplo a seguir, toque a primeira nota com uma palhetada para baixo e, em vez de seguir com uma palhetada para cima, use o dedo do meio para tocar a corda e repita.

Exemplo 6d:

Compare essa técnica à palhetada alternada e note a diferença no som e no *feeling*.

Aqui está um *lick* mais longo que usa muitos pares de notas em cordas adjacentes. Elas poderiam ser tocadas todas com palhetada alternada, mas a palhetada híbrida é feita sem esforço e com velocidade, pois o seu dedo do meio está pronto para tocar a corda sem ter que cruzá-la em uma palhetada para cima.

Exemplo 6e:

Uma ideia comum nas execuções de Brent Mason é usar uma tercina para adicionar uma explosão de velocidade. Preste atenção às direções da palhetada e posicione as notas tocadas em palhetada híbrida no lugar certo.

Exemplo 6f:

O próximo *lick* contém a mesma mecânica, mas agora é usado para tocar uma ideia interessante que ascende pelo braço da guitarra sobre um acorde de C7 (ou C maior).

Exemplo 6g:

Aqui está uma ideia pentatônica descendente que você pode ouvir em um solo de rock. Fiz a notação com uma nota tocada com palhetada híbrida seguida de duas palhetadas para baixo. Há muitas formas de tocar isso, então adote o que for confortável para você. Pessoalmente, quando eu uso a palhetada híbrida, eu raramente toco palhetadas para cima. Em vez disso, eu uso o dedo da mão direita.

Exemplo 6h:

O *lick* a seguir usa a mesma mecânica descendente, mas é agora desenvolvido em uma frase *hot country* mais típica que inclui mudanças de posição.

Exemplo 6i:

A palhetada híbrida deve se tornar gradualmente mais natural e desenvolver essa técnica permitirá que você toque *licks* mais longos sem esforço.

Exemplo 6j:

Você ouvirá esses *licks* na execução de guitarristas virtuosos como Carl Verheyen, músicos que não têm medo de tentar algo novo no seu fraseado country. A partir do momento que a palhetada híbrida se tornar natural, o céu é o limite.

Um aspecto libertador da palhetada híbrida é que mais de um dedo é liberado para a execução. Isso abre portas para o mundo excitante das *double-stops*. Uma *double-stop* consiste simplesmente em tocar duas notas ao mesmo tempo. Elas são comuns na guitarra country, pois criam uma sonoridade mais rica e ajudam a expressar a harmonia um pouco mais.

É possível tocar um *double-stop* de diversas formas. No exemplo a seguir, tomei um padrão de tríade do Capítulo Um e toquei duas notas ao mesmo tempo.

Na primeira vez eu toco as duas notas com a palheta. É assim que Jimi Hendrix deve ter tocado.

Na segunda vez, eu toco a nota mais grave enquanto toco a nota mais aguda em um movimento de pinça com o dedo do meio. Uso essa abordagem quando eu solo usando apenas *double-stops*.

A forma final é usar os dedos dois e três. Isso resulta em um maior impacto e é a melhor forma de combinar *double-stops* com notas palhetadas.

Exemplo 6k:

Essa abordagem também pode ser aplicada em cada posição da tríade e é aplicada em um acorde de G maior abaixo. Na gravação, toco isso com a palheta e o dedo, mas você pode se sentir confortável em tocar de qualquer forma.

Exemplo 6l:

Ideias como essa são divertidas e são usadas com grande eficácia por guitarristas como Scotty Anderson.

A forma mais fácil de começar a usar o conceito de uma forma musical é combinar notas individuais e *double-stops* juntos.

Por exemplo, aqui está uma tríade de C maior com a nota grave na corda D, e o *double-stop* nas cordas G e B.

Toque a nota mais grave com a palheta, antes de tocar as notas G e B juntas com os dedos dois e três simultaneamente.

Exemplo 6m:

A próxima ideia é baseada no exemplo anterior, mas agora inclui um *double-stop* nas cordas B e E. O primeiro *double-stop* inclui um *hammer-on* da terça menor (Eb) para o G.

Exemplo 6n:

O *lick* a seguir combina uma ideia com tercina, vista anteriormente, com *double-stops* na corda aguda, para uma frase excitante que delineia um acorde de A7 em posições múltiplas.

Exemplo 6o:

Um truque comum na música country é tocar a tríade do acorde que você está tocando e então tocar uma tríade um tom mais grave. Assim, sobre um acorde de A maior, você pode tocar uma tríade de A maior seguida de uma tríade de G maior. O próximo exemplo usa essa técnica.

Exemplo 6p:

Ao usar esse mapa como guia, dividi-o de tal forma que *double-stops* são tocadas nas cordas G e B, com notas palhetadas na corda D.

Exemplo 6q:

Aqui está o mesmo padrão básico, mas agora conectado com *double-stops* cromáticos de passagem. Não se preocupe com a teoria, a sonoridade disso é ótima. Apenas aprenda-a e aplique-a aos seus próprios solos.

Exemplo 6r:

Agora que você está ficando confortável em utilizar dois dedos, é lógico que você aprenda a tocar com dois dedos e com a palheta ao mesmo tempo para criar *triple-stops*.

Uma ótima forma de praticar essas ideias com *triple-stops* é tomar como influência guitarristas de pedal steel, como Buddy Emmons, Speedy West ou Paul Franklin.

Aqui está uma ideia com *triple-stop* baseada no desenho de E, que delineia um acorde C6 (C, E, G, A) em vez do C maior convencional. Essas tríades são, na realidade, tríades de A menor (A, C, E), mas, ao serem tocadas sobre uma nota de baixo C, você acaba acertando todas as notas importantes de um acorde C6.

Exemplo 6s:

Você pode fazer muita música ao simplesmente combinar essas tríades menores com acordes de aproximação cromática, como pode ser visto no exemplo a seguir.

Exemplo 6t:

Veja a seguir um lick bastante interessante em C maior que combina notas individuais, *double-stops* e *triple-stops* sobre todo o braço da guitarra. Fique atento aos acordes do sistema CAGED conforme você sobe no braço da guitarra, pois eles ajudarão você a se mover pelo braço da guitarra de forma fluente.

Exemplo 6u:

Também é possível usar esses conceitos para delinear mudanças de acordes. O exemplo a seguir mostra isso em um blues em C.

Exemplo 6v:

Há muitos voicings de acordes aqui e a chave para lembrá-los é vê-los como simples ornamentos nas posições básicas do CAGED discutidas anteriormente.

Invista tempo com esses exemplos, porque destreza cuidadosamente desenvolvida na mão direita ajudará a elevar a sua performance no country a novas alturas. Você precisa ter um bom comando da palhetada híbrida conforme você se move para o mundo desafiador dos *banjo rolls*.

Capítulo Sete: *Banjo Rolls*

Até agora, nossa exploração da palhetada híbrida com vários dedos foi limitada a ideias de acordes. Conforme sua destreza melhora, é possível usar esses dedos de forma independente para tocar notas individuais em cordas diferentes.

O *banjo roll* procura imitar os rápidos arpejos de colcheias tocados por músicos do banjo. Os músicos do banjo usam palhetas de metal em cada dedo, resultando em um tom consistente, não importando o dedo utilizado. Esse estilo *"Scruggs"* de tocar (nomeado por causa do maestro de banjo Earl Scruggs) tradicionalmente utiliza o dedão e dois dedos, e é possível começar a imitar essas ideias com a palheta e os dedos.

A forma mais fácil de trabalhar nessa ideia é com um *roll avançado*. Use a palheta para tocar a corda D, o segundo dedo para tocar a corda G e o terceiro dedo para tocar a corda B.

Para executar tudo isso com precisão, você precisa trabalhar no que chamo de técnica de pré-posicionamento. Isso significa que a palheta e os dedos comecem a se movimentar já posicionados nas suas respectivas cordas (em oposição a ter os dedos flutuando no ar e atacando as cordas quando necessário).

Exemplo 7a:

O Exemplo 7b mostra um simples *roll* avançado que muda de conjunto de cordas. Toque o primeiro *roll* como antes e, depois de tocar a corda G com o terceiro dedo, mova a palheta e os dedos e os pré-posicione para começar o próximo *roll*.

Exemplo 7b:

Toque o exemplo a seguir na tonalidade de G que se move da posição aberta até a décima segunda casa. Você pode não tocar isso em um solo, mas é uma ótima forma de aquecer os dedos.

Exemplo 7c:

É possível tocar o *roll* avançado de forma reversa, o que resulta em um *roll reverso*. No exemplo a seguir, eu começo com a palheta na corda grave, então movo para a corda B e subo. Isso pode parecer difícil no começo, mas persista. Essa habilidade é muito importante para um músico de country,

Exemplo 7d:

Até agora, cada exemplo foi tocado com tercinas. Uma forma mais desafiadora de praticar é tocar colcheias (ou semicolcheias) de tal forma que você tenha que abandonar aqueles acentos de três e usar acentos de quatro.

Este exemplo toma o padrão de *roll* reverso e o coloca no meio de um *lick* de colcheias.

Exemplo 7e:

Para dar um exemplo de como você pode usar uma ideia como essa, aqui está um padrão descendente em E, que usa sextas nas cordas G e E. A corda B solta ajuda a amarrar bem o *lick*, quase como o G agudo ouvido com frequência no banjo.

Exemplo 7f:

Agora toque essa ideia similar com colcheias, mas dessa vez com um *roll* avançado no meio.

Exemplo 7g:

Aqui está a mesma mecânica, mas dessa vez nas cordas mais agudas e movendo por algumas posições com *double-stop*. Mantive a corda E aguda solta para criar um pedal interessante.

Exemplo 7h:

Veja a seguir uma ideia com *roll* reverso, similar ao Exemplo 7e. Aqui a palheta se move entre as cordas D e G. Isso cria mais possibilidades melódicas quando você expandir seu conhecimento de voicings de acordes.

Exemplo 7i:

A mesma ideia pode ser aplicada a qualquer acorde. O próximo exemplo demonstra isso usando tríades de F maior e G maior. Com o E agudo soando, você também cria alguns acordes mais coloridos.

Exemplo 7j:

Aqui está outra ideia com *roll* reverso, mas dessa vez com um *hammer-on* na corda G para compensar o movimento.

Exemplo 7k:

Rolls como esse podem ser usados de formas muito criativas, conforme demonstrado no exemplo a seguir. Delineei um acorde E7 nos desenhos de A, C, e E, permitindo que eles soem o máximo possível.

Exemplo 7l:

Uma forma excelente de melhorar sua velocidade com *rolls* é com um exercício de aceleração. Aqui, um *roll* avançado de três notas é tocado quatro vezes ao longo de dois compassos, seguido de mais dois *rolls* tocados como tercinas. Isso cria uma sensação de aceleração.

Exemplo 7m:

O mesmo conceito pode ser aplicado em um roll reverso para criar outro exercício técnico divertido.

Exemplo 7n:

O próximo exemplo é um *lick* mais complicado, inspirado pelas performances de Danny Gatton e Jerry Reed.

Exemplo 7o:

Este próximo *roll* é inspirado pelo grande Albert Lee, e delineia acordes G maior, D maior e C maior.

Exemplo 7p:

O *roll* a seguir, tomado de Danny Gatton é bem mais desafiador. Ele usa um *roll* avançado sobre três cordas antes de a palheta se mover para a corda E aguda para criar um *roll* ascendente de quatro cordas.

Exemplo 7q:

O roll final é um conceito estranho para tocar com velocidade. Ele usa dois *rolls* avançados consecutivos sobre todas as seis cordas. O primeiro é sobre as cordas E, A e D e o segundo é nas cordas G, B e E. O truque aqui é trabalhar na transição do primeiro *roll* para o segundo. A palheta deve continuar se movendo através das cordas conforme os dedos tocam as notas dois e três.

Exemplo 7r:

Os rolls podem se tornar uma parte exclusiva do estilo de palhetada híbrida do country, mas devem ser desenvolvidos com um alto grau de precisão. No entanto, não precisa ser limitante. Se você desenvolveu suas habilidades de palhetada alternada para incorporar ideias rápidas e fluidas de *crosspicking*, vale a pena voltar neste capítulo e verificar se é possível alcançar efeitos semelhantes usando apenas a palheta.

Lembre-se que as técnicas que você aprendeu são para ajudá-lo a executar ideias musicais. Não há regras sobre como tocar notas, e seu foco principal deve estar sempre em como essas notas soam. Se elas soarem bem, você está no caminho certo.

Capítulo Oito: Cordas Soltas

Um dos pontos mais óbvios do estilo de guitarra country é o uso de cordas soltas para criar ideias dinâmicas com notas soantes.

As cordas soltas funcionam bem porque os músicos de country não usam muito *overdrive* nem *gain*, por isso as notas soltas que soam não criam tanto choque sônico quanto poderiam se fossem tocadas por meio de um amplificador com distorção.

Há duas abordagens distintas para usar cordas soltas, e é interessante começar com a abordagem mais complicada e acadêmica.

Se você for como a maioria das pessoas e toca na afinação padrão (E, A, D, G, B, E), licks com cordas soltas só funcionarão em determinadas afinações.

Por exemplo, no tom de C (C, D, E, F, G, A, B), todas as cordas soltas funcionarão.

No tom de G (G, A, B, C, D, E, F#), todas as cordas soltas funcionam.

No tom de D (D, E, F#, G, A, B, C#), todas as cordas soltas funcionam.

Quando você se move para o tom de A, no entanto, os problemas começam a surgir. O tom de A contém as notas A, B, C#, D, E, F# e G#. A corda G solta sempre causará dissonância com a nota G# nessa tonalidade. Isso faz com que a corda G seja evitada no tom de A.

Quanto mais acidentes um tom tiver, mais difícil será usar cordas soltas. Esta é uma das principais razões pelas quais guitarristas de country adoram tons como G, D, A e até E, mas frequentemente evitam tons como F, Bb e Eb, pois eles contêm muitas alterações nas notas que existem nas cordas soltas.

Isto significa que os *licks* com cordas soltas são normalmente específicos de certos tons e virtualmente impossíveis de transpor. Por fim, você precisará criar um arsenal de *licks* de cordas soltas em muitos tons.

Agora, com a teoria fora do caminho, vamos ver como usar cordas soltas em licks.

Uma das primeiras escalas que a maioria das pessoas aprende na guitarra é uma ideia com corda solta: a escala de C maior. Diga os nomes das notas à medida que você as reproduz e perceberá rapidamente que as notas D, G e B podem ser reproduzidas em cordas soltas.

Exemplo 8a:

Aqui está a escala de G maior. Como antes, diga em voz alta os nomes das notas que você está tocando e observe onde o novo acidente (F#) aparece.

Exemplo 8b:

Quando você estiver ciente dos nomes das notas nas escalas, em vez de simplesmente padrões, as possibilidades de digitação são infinitas, conforme o padrão alternado para G maior mostra a seguir.

Exemplo 8c:

Aqui está outra forma na qual você pode arranjar as notas de G maior para aproveitar ao máximo as cordas soantes.

Exemplo 8d:

Um dos aspectos mais importantes a considerar quando se toca cordas soltas é criar um tom consistente e dinâmica entre as notas soltas e digitadas. É possível executar notas em cordas soltas que se destacam bastante, portanto, seu objetivo é fazer com que os três exemplos anteriores na escala de G maior soem homogêneos.

Um antigo truque para ajudar as notas a se misturarem bem é usar um pedal de compressão. Isto nivelará a sua dinâmica, aumentando o volume das notas que estão muito baixas e comprimindo notas muito altas. Isso pode resultar em um som "esmagado", dependendo da quantidade de compressão utilizada.

Compressores também aumentam a sustentação de cada nota, aumentando o volume das notas à medida que elas decaem. Há muitos compressores ótimos no mercado, mas não há como superar o compressor Wampler Ego. Se você só vai ter um pedal como guitarrista de country, escolha um bom compressor!

O próximo *lick* é tocado em torno de uma tríade de A maior com desenho de E, que delineia a escala de A maior. Quando crio frases como essa, penso nos nomes das notas e coloco tudo que eu puder em cordas soltas. Você também pode descender a frase para criar um *lick* de sonoridade única.

Exemplo 8e:

Aqui está uma ideia que descende a escala mixolídia de A e tem um fim parecido com as ideias anteriores. Nessa frase, as cordas soltas soam um pouco, uma característica do country.

Exemplo 8f:

Compare a sonoridade do exemplo anterior à mesma frase tocada com notas digitadas. Ainda é legal, mas não tem o mesmo charme comparado à variação com cordas soltas.

Exemplo 8g:

Esses conceitos se tornam ainda mais interessantes quando você começa a adicionar notas de passagem cromática. No exemplo a seguir, adicionei a quinta menor (Eb) e a terça menor (C) para cria algo menos acadêmico e um pouco mais musical.

Exemplo 8h:

Aqui está uma ideia similar que coloca a nota Eb na quarta casa da corda B. Você ouvirá *licks* como esse voltando décadas no estilo *hot bluegrass* de Doc Watson. Se você se tornar familiar com esse estilo, o movimento da casa quatro na corda B para a corda E solta se tornará habitual.

Exemplo 8i:

O próximo *lick* é similar, dessa vez no estilo de Brent Mason.

Exemplo 8j:

Outra forma excelente de usar cordas soltas é para facilitar mudanças de posição, especialmente durante *licks* com uma extensão grande. Este próximo *lick* se move da casa doze para a posição aberta, e as cordas soltas permitem que a grande mudança de posição seja tocada com suavidade ao dar tempo para a mão esquerda se mover.

Exemplo 8k:

Os exemplos a seguir usam cordas soltas para ajudar com mudanças de posição, e também contêm *rolls* avançados tocados com palhetada híbrida nas cordas G, B e E. Essas ideias de *rolls* são comuns no estilo de Danny Gatton que com frequência usava uma corda solta para amarrar muitas ideias juntas.

Exemplo 8l:

A abordagem de tom comum a seguir é com frequência aproveitada ao extremo durante *licks* que fazem transição de *pull-offs* para cordas soltas. Não apenas essa técnica soa incrível, mas é uma ótima forma de mudar de posição no braço da guitarra.

Essa ideia toma uma série de sextas diatônicas nas cordas A e G e adiciona *pull-offs* à corda G solta. A nota pedal (o tom comum) ajuda a amarrar as linhas. Note que a nota mais grave de cada sexta é abafada; isso ajuda a manter o tom consistente.

Exemplo 8m:

Guitarristas como Brad Paisley usam cordas soltas para criar linhas rápidas e caóticas com saltos largos de intervalos que, de outra forma, seriam impossíveis de digitar.

Esse exemplo é inspirado pela música acelerada Mr Policeman, usando uma escala pentatônica em G menor na primeira posição, junto com cordas soltas para dar um pouco mais de diversão.

Exemplo 8n:

O lick acima funciona tão bem porque é diatônico (todas as notas em um tom), mas o conceito pode ser estendido para incluir todo tipo de caos cromático.

Aqui está uma ideia que usa uma técnica similar, mas com notas diferentes. Essencialmente, estou pensando em G maior pentatônica e descendo pelo braço da guitarra enquanto eu toco. Você notará rapidamente que o padrão apresenta um intervalo de terça entre as cordas D e G que desce cromaticamente.

Exemplo 8o:

Esse próximo *lick* possui uma sonoridade típica da guitarra, porque ele usa quase a mesma quantidade de cordas soltas em relação às notas digitadas. Isso é característico de guitarristas de rock como Van Halen, mas não soa estranho em um solo de country acelerado e moderno.

Exemplo 8p:

Assim como tudo nesse livro, esses exemplos devem ser um ponto de partida para suas próprias explorações. Há inúmeras formas de usar cordas soltas na sua forma de tocar, e cada guitarrista aborda a técnica de forma diferente.

Ouça músicos como Doyle Dykes e YouTubers como Martin Tallstrom e Lars Schurse para obter inspiração nesse assunto. Preste atenção em como eles usam essas ideias de formas únicas.

Intervalos largos não são únicos da guitarra, mas é certamente mais fácil executá-los na guitarra do que em muitos outros instrumentos. Tornar-se um ótimo guitarrista de country tem a ver com celebrar os aspectos únicos do seu instrumento.

Capítulo Nove: Truques com *Bends*

A técnica final, necessária para executar solos do country de forma sólida é o *bend*. *Bends* são únicos dos instrumentos de cordas e utilizados pelas suas qualidades vocais e expressivas. Embora seja possível tocar *bends* em certos instrumentos de sopro, eles não são tão prevalentes.

Os *bends* tornaram-se mais proeminentes entre os guitarristas de country quando a amplificação e cordas mais leves se tornaram comuns, com James Burton sendo um dos primeiros a adotar a técnica. Ele até usou cordas de banjo em sua Telecaster.

O aspecto mais importante dos *bends* (além de realmente atingir a nota de destino com precisão) é ter uma noção da nota da qual você está fazendo o *bend* e da nota para a qual você está se direcionando. Neste livro, sempre descreverei *bends* como de segunda para terça, ou de sétima menor para a tônica, etc. Isso significa que é feito um *bend* do intervalo de segunda da escala até a terça ou que a sétima menor da escala é levada até a tônica.

A terminologia enfatiza qual tom da escala está sofrendo o *bend* e para onde está sendo levado.

Para esclarecer, aqui está um exemplo no tom de A. A nota G (a sétima menor) é então tocada e levada em um *bend* para A (a tônica). Este é um *bend* da sétima menor para a tônica.

Exemplo 9a:

Veja a seguir a escala de A maior pentatônica que termina com um bend do B (a segunda) até o C# (a terça). Esse é um *bend* da segunda para a terça.

Exemplo 9b:

O que você ouvirá rapidamente é que precisão é tudo nesse estilo. Não há porque fazer *bends* sem cuidado, apenas esperando pelo melhor. É importante focar na precisão e certificar-se que seus *bends* estão entonados do jeito certo.

O exercício a seguir está baseado na escala mixolídia em A e requer que você toque uma nota primeiramente, então toque a nota para a qual você pretende fazer o *bend* e, por fim, faça o *bend* da nota original para a segunda nota. Usando esse método, você será capaz de perceber com precisão que a nota para a qual você está fazendo o *bend* está correta.

Exemplo 9c:

Você pode ter lutado com digitações ao tocar o último exemplo, especialmente com o *bend* de um tom do B na quinta casa. Você desenvolverá a habilidade para tocar isso com o primeiro dedo, mas enquanto você desenvolve suas habilidades, esses *bends* podem ser executados com o segundo ou terceiro dedo até que você esteja confortável.

No exemplo a seguir, você perceberá porque fazer *bends* no tom é tão importante quando feito em conjunto com os acordes. Primeiro, duas notas de uma tríade de A maior são tocadas e então a segunda (B) é levada em um *bend* até a terça (C#). A mesma ideia é tocada com um voicing completo de três notas.

Exemplo 9d:

A parte desafiadora desse *bend* é que apenas uma nota sofre o *bend*, enquanto as outras permanecem consistentes no tom. Isso significa que a força por trás do *bend* vem dos dedos em vez do pulso (que é a técnica mais tradicional).

Por esse motivo, cordas mais leves são recomendadas. Cordas de calibre 9 em uma guitarra do tamanho de uma Fender são o recomendável. Embora isso seja mais do que possível em cordas de número 10, ou até 11, você estará colocando um esforço desnecessário em suas mãos e isso pode levar a problemas mais tarde.

A combinação de *bends* e notas digitadas é parte integrante do country e, muitas vezes, você irá fazer *bend* em uma nota e segurá-la enquanto reproduz uma série de outras notas. Essa técnica vem de guitarristas de pedal steel, que podem fazer isso usando pedais para mudar o tom das cordas.

Aqui está um *lick* baseado no *bend* de segunda para terça, com uma nota que muda na corda B.

Exemplo 9e:

A posição deste *lick* pode apresentar problemas mais tarde, pois ficar próximo da pestana faz com que os *bends* sejam difíceis. Você pode tentar a mesma ideia transposta para cima no braço da guitarra, para o tom de E.

Exemplo 9f:

O próximo *lick* apresenta um *bend* usando um contorno similar, mas agora no desenho de C. Para manter as coisas interessantes, terminei a ideia com um pequeno *double-stop* em *slide*. Tente incorporar essas linhas de forma musical nos seus solos o mais rápido possível.

Exemplo 9g:

O exemplo a seguir apresenta ambos os *bends*, mas eles estão conectados com uma melodia de notas individuais. Como em todos os *licks*, fique atento às tríades subjacentes e às posições do sistema CAGED conforme você faz as transições.

Exemplo 9h:

Aqui está outra ideia, dessa vez sobre um acorde E7.

Esse *lick* começa no compasso um com um *bend* de segunda para terça, movendo para um *bend* de sétima menor para tônica no compasso dois. Há um *bend* de quinta para sexta no compasso três, e um *lick* em E com cordas soltas no compasso final.

Note que tons são tocados contra as cordas em *bend*. No segundo compasso do *lick*, a sétima menor é levada para a tônica antes de a terça (G#) ser tocada na corda B. Isso significa que você toca duas notas da tríade, o que é uma ótima maneira de delinear o acorde.

Exemplo 9i:

Outra forma desafiadora de explorar o *bend* de segunda para terça é como a nota mais aguda em uma tríade.

Exemplo 9j:

O acorde acima é uma ótima forma de terminar um *lick*, conforme demonstrado abaixo.

Exemplo 9k:

É possível tomar qualquer *bend* de intervalo e explorá-lo em lugares diferentes do braço da guitarra. Aqui está um *bend* de sétima menor para a tônica, tocado em três lugares diferentes: primeiramente em torno do desenho de C, em seguida no desenho de E e, então, no desenho de A.

Exemplo 9l:

Esse *bend* pode ser usado de inúmeras formas, assim como o último. Aqui está um *lick* que começa com o *bend* de sétima menor para a tônica, e termina com o de segunda para terça.

Exemplo 9m:

Aqui está outra forma de usar ambos os *bends*. Adicionei uma corda solta para ajudar com a mudanças para a posição aberta, usando uma ideia similar àquelas que você viu no último capítulo.

Exemplo 9n:

Combinar essas técnicas e conceitos é uma ótima maneira de começar a desenvolver seu vocabulário. Aqui está uma frase com cordas soltas no estilo de Brent Mason, que termina com um *lick* que emprega *bends* de segunda para terça.

Exemplo 9o:

Aqui está outra forma de tocar o *bend* de segunda para terça, dessa vez nas cordas mais graves. O tom pode ser difícil de acertar, então certifique-se que o *bend* na corda D seja entonado do B até o C# com precisão.

Exemplo 9p:

Você não está limitado a apenas à sétima menor e à tônica, ou ao *bend* de segunda para terça. Qualquer nota pode sofrer um *bend* contanto que você saiba para onde o *bend* está indo.

O *lick* a seguir começa a fazer o *bend* da sexta (F#) até a sétima menor (G) e termina com um *bend* da quarta (D) para a quinta (E). Ideias como essa são menos parecidas com uma *pedal steel*, mas ainda são truques interessantes para ter ao seu dispor.

Exemplo 9q:

Quando você começar a entender os conceitos por trás desses *bends*, você pode experimentar para achar novas ideias. Por exemplo, aqui está um *voicing* de C6 que você tocou na parte de *triple-stop*. Faz sentido fazer o *bend* da quinta (G) até a sexta (A) no *double-stop*.

Exemplo 9r:

A seguir, use essa ideia sobre um acorde de C6 para criar um *lick* interessante com apenas duas cordas. Note que cada *double-stop* tem um C no topo, então o foco são as notas subjacentes. Antes de seguir em frente, assegure-se de nomear o que esses intervalos são em relação ao C.

Exemplo 9s:

Com o tempo, você encontrará alguns lugares onde é possível fazer *bend* em duas notas ao mesmo tempo.

No exemplo a seguir, eu seguro as notas C e E com os dedos três e quatro, faço o *bend* de C para D e do E para o F. Esses *bends* raramente são entonados perfeitamente, mas Jerry Donahue chega perto!

Exemplo 9t:

Aqui está uma tríade de C maior com a voz do topo (a quinta) ascendendo da quinta para a quinta aumentada (G#), em seguida fazendo um *bend* para a sexta (A). No segundo compasso, a tônica se move para baixo, para a terça menor, criando um ótimo voicing de C13.

Exemplo 9u:

Outra técnica empolgante e chamativa é o *bend* atrás da pestana. Toque uma corda solta e empurre a corda para baixo por trás da pestana; isso aumentará a tensão e o tom da corda.

Isso só funciona com guitarras que tenham uma boa folga sob a corda atrás da pestana, como uma Telecaster ou Stratocaster. As guitarras Gibson, em geral, têm pouca folga nessa área (especialmente com a tampa do tensor), isso sem falar das guitarras sem mão!

No exemplo a seguir, coloque dois ou três dedos na corda atrás da pestana para empurrá-la sem se machucar.

Exemplo 9v:

O próximo *lick* combina *bends* digitados e com cordas soltas (atrás da pestana), para delinear um acorde de A7.

Exemplo 9w:

Aqui está um último exemplo que manipula harmônicos na quinta casa através de um bend atrás da pestana na corda A. Ele implica um acorde de G maior e é um jeito excelente de terminar um solo.

Exemplo 9x:

Esse capítulo aborda o básico do que é possível ao usar cordas soltas, por isso preste atenção ao ouvir os seus solistas favoritos para perceber como eles usam essas ideias de formas únicas. Frequentemente, essas técnicas são usadas para ajudá-los a tocar coisas que eles não conseguiriam com técnicas padrão.

Intervalos mais amplos não são únicos da guitarra, mas é certamente mais fácil de executá-los na guitarra do que em muitos outros instrumentos. Tornar-se um grande músico do country tem a ver com celebrar os aspectos únicos do seu instrumento.

Capítulo Dez: *Hot Dang Twang*

Agora que você está equipado com todas as técnicas necessárias para reproduzir solos modernos do *hot country*, é hora de aprender uma faixa completa que mostra como esses conceitos se encaixam no mundo real.

Eu queria escrever algo que tivesse um toque de Jerry Reed percorrendo estradas secundárias no seu caminhão, como nos filmes Smokey and the Bandit. O resultado é um *tour de force* de três minutos de palhetada country, com um riff principal, uma *bridge* e uma seção de solo prolongada.

Composta na tonalidade de A, cada acorde pode ser tratado como um acorde dominante individual, ou seja, qualquer combinação dos modos Pentatônico Maior, Escala de Blues e Mixolídio funcionará perfeitamente.

Primeiro, vou detalhar cada seção/*lick* individualmente, junto com a teoria por trás deles, antes de dar a transcrição da música na íntegra.

O *riff* principal é baseado em torno de um *power chord* de A aberto, que combina a palheta e os *double-stops* com palhetada híbrida.

Como em todos os exemplos do livro, preste muita atenção à articulação. Por exemplo, depois de tocar a primeira nota A solta, o *double-stop* da segunda casa é tocado em staccato, antes de abaixar o E para e Eb, palhetar novamente e fazer um *pull-off* para a corda D solta.

Ritmicamente, não há nada muito desafiador, apenas tenha cuidado para não se apressar ou arrastar a tercina no compasso quatro.

Exemplo 10a:

A primeira parte tem 16 compassos de duração, o que é um tempo longo para se manter em um único acorde (A). Por isso, na seção B, adicionei mais alguns acordes que ajudam a manter a atenção da audiência.

Essencialmente, a progressão é D/F#, G maior, A maior, tocada quatro vezes e terminando em um E maior. Este E funciona como o acorde V de A, e ajuda a puxar a seção de volta para o *riff* principal.

A parte de guitarra é apimentada com alguns *licks* simples em cada acorde A. Quando eu toco isso ao vivo, eu improviso esses *licks*. O objetivo é apenas tocar algo em A para manter a seção em movimento, mas as ideias em *double-stop* da gravação são um ótimo ponto de partida para suas próximas explorações.

Exemplo 10b:

Depois da seção B, a faixa retorna para o *riff* principal por 8 compassos antes de entrar na seção do solo.

A seção de solo começa com 16 compassos de A maior (ou A7), o que é uma oportunidade de mostrar sua habilidade sem se preocupar com mudanças de acordes.

O primeiro *lick* começa com uma ideia com corda solta que começa no desenho de E e se move para baixo para o desenho de G, para um *bend* no estilo pedal steel. Esse é um bom exemplo de um *lick* que usa uma corda solta, uma ideia de tercina e uma frase com *bend*. Como sempre, o objetivo é tocar algo interessante, não apenas circular por técnicas impressionantes.

Exemplo 10c:

O segundo *lick* de quatro compassos aumenta o interesse com algumas tercinas rápidas que ascendem e *double-stops* que sem movem do desenho de G para o desenho de E, e então para o desenho de C antes de descer novamente para o desenho de E.

O uso de múltiplas posições é outra característica de um músico experiente. Música tem a ver com tocar o que você quer ouvir, e tentar limitar suas ideias a apenas uma posição pode ser possível, mas restrições como essa podem inibir a liberdade musical.

Assim como na introdução, a melhor maneira de executar uma ideia como essa é com palhetada híbrida. Palhete a nota que desliza para a tercina com o segundo dedo.

Exemplo 10d:

Veja a seguir um *lick* de pedal steel nas duas cordas do topo que se move por múltiplas posições.

O primeiro compasso usa um bend de segunda para terça no desenho de C. O segundo compasso apresenta um *bend* da sétima menor para a tônica no desenho de D, e o terceiro compasso contém um *bend* de quinta a sexta no desenho de G, antes de se mover para o desenho de E e terminar.

Exemplo 10e:

O lick sobre o acorde A final começa com algumas colcheias expressas em torno do desenho de C, que faz a transição descendo no braço para o desenho de E.

A parte mais desafiadora está nos dois compassos seguintes, com uma série de tríades rápidas, tocadas como *rolls* avançados com palhetada híbrida. Enquanto cada um desses fragmentos é tocado no acorde A, a sequência das tríades de três notas poderia ser identificada como C#Dim, B menor, A maior, G maior, D maior, G maior e A maior.

Pratique lentamente e mantenha o *roll* com a palheta, o segundo dedo e o terceiro dedo.

Exemplo 10f:

A segunda parte da seção de solo apresenta mais mudanças de acordes, cada uma tocada por dois compassos. Cada acorde também pode ser tocado como um voicing de sétima dominante.

Os próximos três licks esboçam um acorde de D maior por dois compassos, depois um A maior por dois compassos. Isso é desafiador, mas a chave é tentar criar uma ideia melódica fluente que se mova sem problemas através dos dois acordes, em vez de dois licks genéricos e individuais que você toca sobre cada um.

Começando no desenho de E sobre o acorde D Maior, você notará que o ritmo de tercina foi usado novamente. Esse uso de ritmos repetidos ajuda a amarrar bem o solo e fazer com que pareça uma unidade coesa. Tudo isso é baseado em uma escala mixolídia com uma terça menor adicionada.

O segundo compasso continua a lógica do modo mixolídio com terça menor, mas desloca para baixo no baço da guitarra para o desenho de A. Quando na área da quinta casa, a abordagem mais fácil é usar o desenho de E. A linha que escolhi usa uma seleção de sextas tocadas melodicamente. Tal como acontece com os ritmos familiares, as sextas são uma abordagem que usarei frequentemente para ajudar a amarrar o solo.

Exemplo 10g:

O segundo *lick* de D maior até A maior começa em torno do desenho de A na quinta casa e descende para o desenho de C. Isso é simplesmente vestir a tríade de uma forma melódica, usando um F (terça menor) como uma forma de abordar o F# (terça) do D maior. É usado novamente como uma nota de passagem ao descer do F# para o E.

A segunda metade do *lick* volta a tocar sextas sobre o acorde A e dessa vez começa no desenho de E, subindo para o desenho de C. Mais uma vez, isso ajuda a amarrar o solo, mas também é uma grande parte do vernáculo do country.

Exemplo 10h:

A última mudança de acordes, do D maior ao A maior, novamente apresenta a ideia das tercinas e sextas. Primeiro, as tercinas são usadas para ajudar na transição da melodia do desenho de G para o desenho de E sobre o acorde de D maior, e então as sextas são usadas sobre o A maior, mas desta vez nas cordas adjacentes.

Na maioria das vezes, você verá as sextas digitadas com uma corda entre elas (como no exemplo anterior), mas as sextas tocadas em cordas adjacentes são um truque útil para se ter na manga. Elas são frequentemente usadas por guitarristas de country mais influenciados pelo rock, como Carl Verheyen e Michael Lee Firkins.

Exemplo 10i:

Os dois últimos compassos da progressão do solo evocam imagens de Hot Wired, de Brent Mason, já que esse movimento de F para G para A é algo que Brent toca.

Sobre o acorde de F maior, passamos da forma de D para a forma de E e, em seguida, fazemos a transição do desenho de G para o desenho de A sobre o acorde de G maior. São quatro posições do sistema CAGED em um *lick*! Lembre-se, esses licks podem ser facilmente transpostos para qualquer tom quando suas habilidades de visualização são fortes.

Exemplo 10j:

O próximo exemplo é algo que eu posso tocar quando o *riff* principal retorna antes do próximo solo.

O objetivo é se mover do fim do *lick* anterior descendo para as posições abertas, de tal forma que eu possa tocar o *riff* ou a parte de guitarra base para suportar outro solista.

Essa linha é uma combinação fluida das escalas mixolídia em A e de Blues. Embora essas linhas possam descender em uma bagunça cromática, não é muito difícil soar bem se você souber combiná-las como os grandes guitarristas.

Exemplo 10k:

Em uma situação de performance ao vivo, outro guitarrista solaria agora. Mas, apenas por diversão, aqui está um segundo solo que eu escrevi para se encaixar com essa peça.

O primeiro *lick* começa com uma coleção de *double-stops* que descendem pelo braço da guitarra e fazem transição para um *lick* dinâmico com cordas soltas que deve soar tanto quanto possível.

Exemplo 10l:

Parece que o solo não está completo sem esse *lick* de country! Este se move para cima no braço da guitarra antes de atingir um *bend* clássico no estilo de James Burton, no padrão do desenho de G maior pentatônica.

Exemplo 10m:

A seguir, eu toco um *lick* de seis notas em torno de uma tríade de A maior e o repito um tom abaixo para delinear uma tríade de G maior (um ótimo exemplo daquele truque da tríade um tom abaixo). Isso é usado como uma forma de se mover da área da nona casa para a casa cinco e termina com mais sextas nas cordas G e E aguda.

Exemplo 10n:

Esse *lick* imita a segunda parte do Exemplo 10g, mas uma oitava acima. Repetição de frases e citar ideias anteriores é outra excelente maneira de dar ao seu solo alguma continuidade.

A segunda parte do *lick* apresenta outro *bend* sustentado no estilo pedal steel da segunda para a terça na corda B. No entanto, em vez de reproduzir o E e o D na corda E, F# e E são executados em vez disso. Isso é muito mais fácil de tocar com um *B bender* (um sistema mecânico embutido em algumas guitarras de country especializadas), mas é possível tocar sem.

Exemplo 10o:

Quando o acorde muda para D maior, toquei algumas ideias mais desafiadoras que combinam arpejos e *licks* escalares descendentes. Eles requerem uma palhetada híbrida atenta e as notas individuais consecutivas em uma corda não são fáceis de tocar rapidamente.

Este lick em D maior acontece em torno da casa 10 (desenho de E). Quando o acorde muda para A maior, é mais fácil pensar no desenho de C. Obviamente, não é necessário impor esse tipo de restrição a você mesmo, mas pode ajudar a manter suas ideias fluindo suavemente umas nas outras.

Exemplo 10p:

Quando o acorde de D maior retorna, toquei um *lick* que contém uma mudança cromática. Depois de deslizar para baixo da nota D para a nota C e tocar a nota A (na corda B), essas mudanças para baixo, de padrões de duas notas, descendem cromaticamente do alvo G# e B. G# não é uma escolha óbvia de nota, mas soa ótimo para mim!

A segunda metade do *lick* introduz um ritmo de semicolcheias que adiciona interesse no meio de uma sequência escalar. Você ouvirá essa abordagem a todo momento nos guitarristas de western swing e bebop.

Exemplo 10q:

Para o movimento final de D maior para A maior, permaneci nas double-stops. Elas são tocadas em torno de desenho de A sobre o acorde de D maior e imitam a nota descendente do *riff* principal. A seção final se move do desenho de E, subindo para o desenho de C no acorde de A maior.

Essa abordagem de tocar em torno do acorde básico é sempre a forma mais eficaz de delinear mudanças de acordes.

Exemplo 10r:

O *lick* final (sobre o movimento de F maior, G maior e A maior) começa em torno do desenho de C no acorde de F maior e ascende (usando tercinas) para o acorde de G maior. A seguir, isso desce pelo braço da guitarra e muda para o desenho de C, para o acorde final de A maior.

Exemplo 10s:

Eu compilei todos os *licks* anteriores em uma transcrição longa. Não apenas isso dará a você uma chance melhor de ler enquanto toca, mas isso também dá a você uma ideia melhor de como os *licks* se combinam. Ouça a gravação para apreciar esta peça contínua.

Ocasionalmente, fiz síncope nos *licks* naturalmente na gravação final. Isso faz sentido em contexto, mas teria feito a análise anterior muito mais complicada de explicar.

Exemplo 10t:

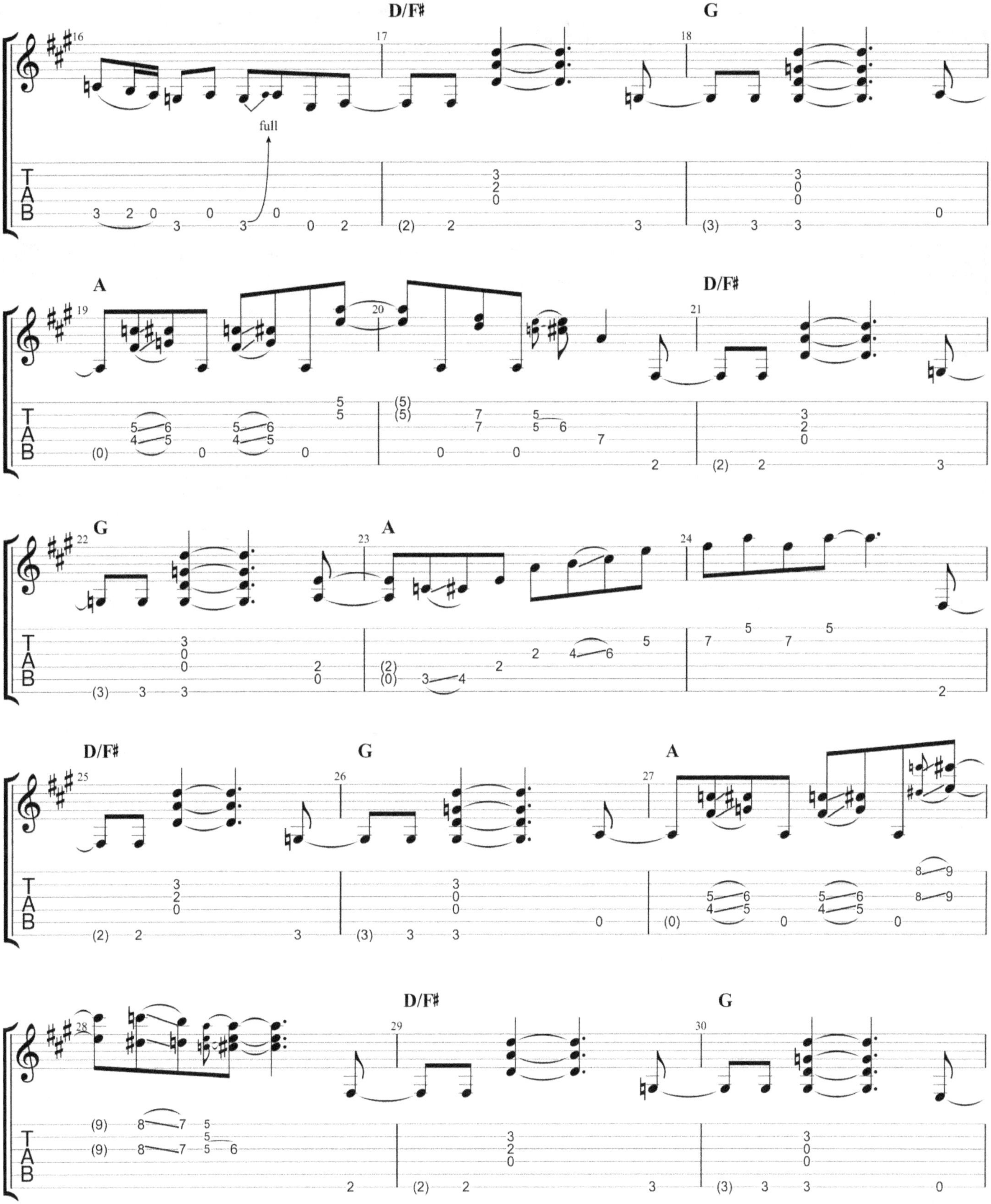
D/F♯
G
full
A
D/F♯
G
A
D/F♯
G
A
D/F♯
G

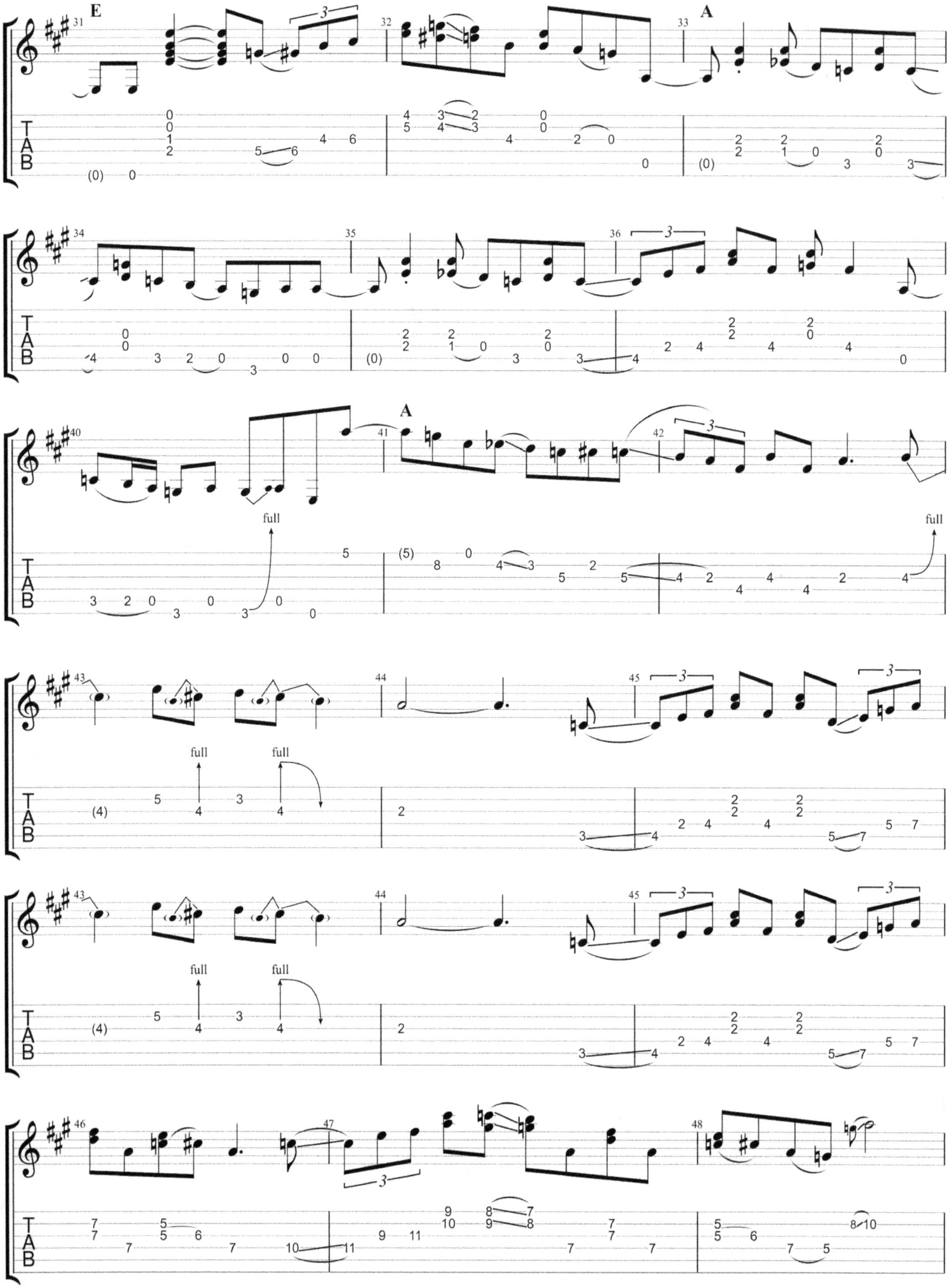
E
A
A
full
full
full
full
full
full

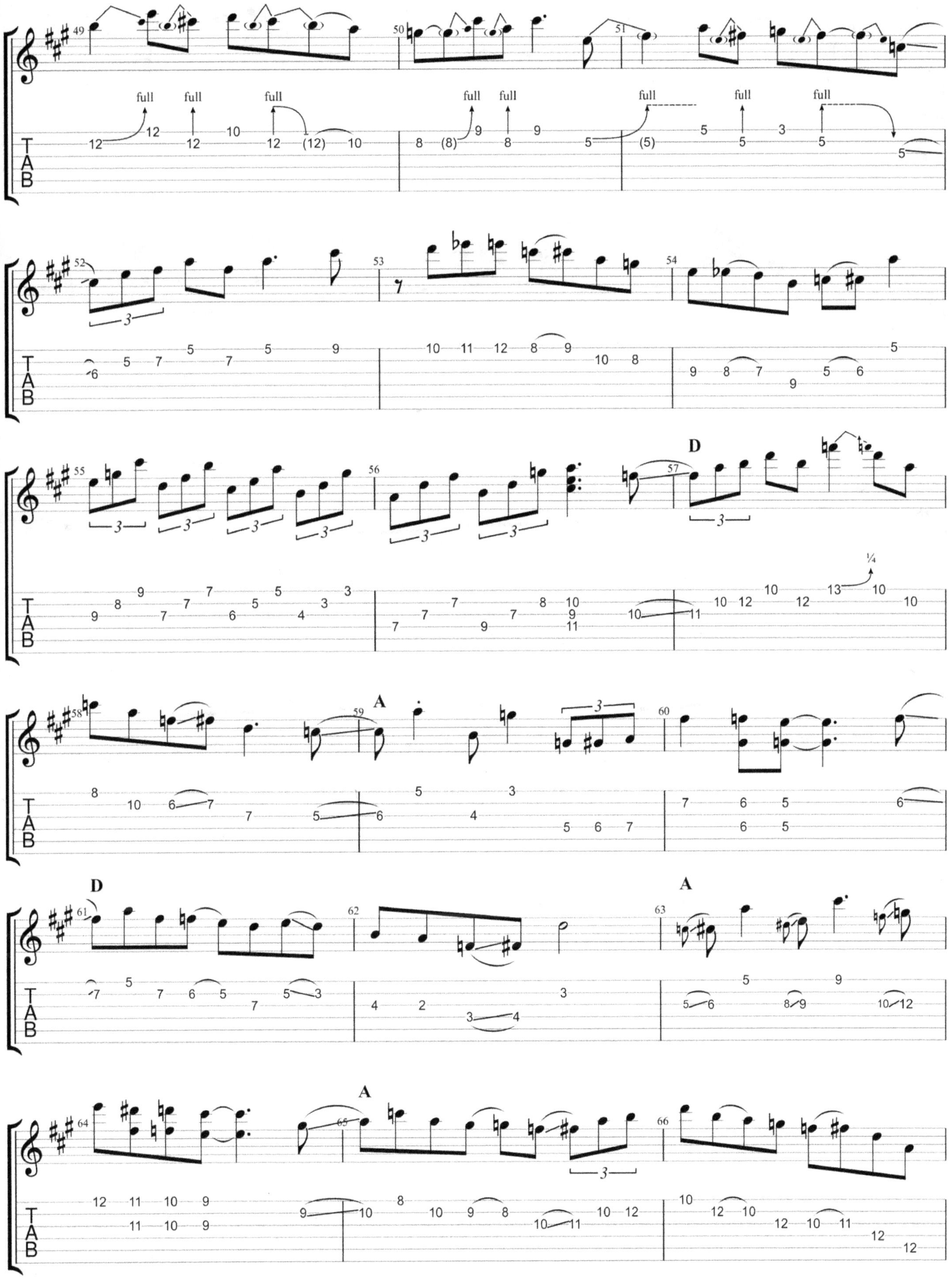
full
full
full
full
full
full
full
full
D
1/4
A
D
A
A

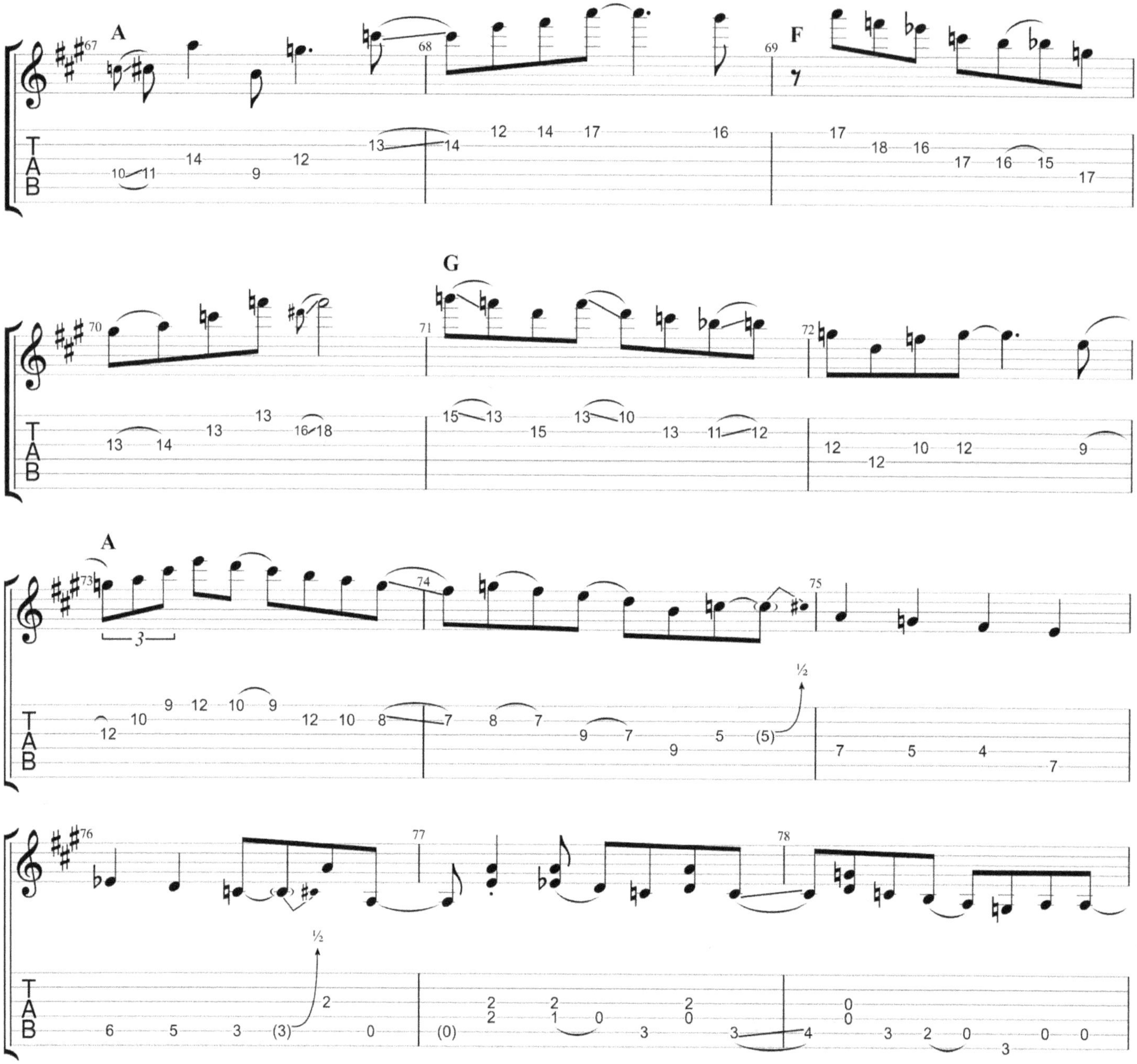
A
F
G
A

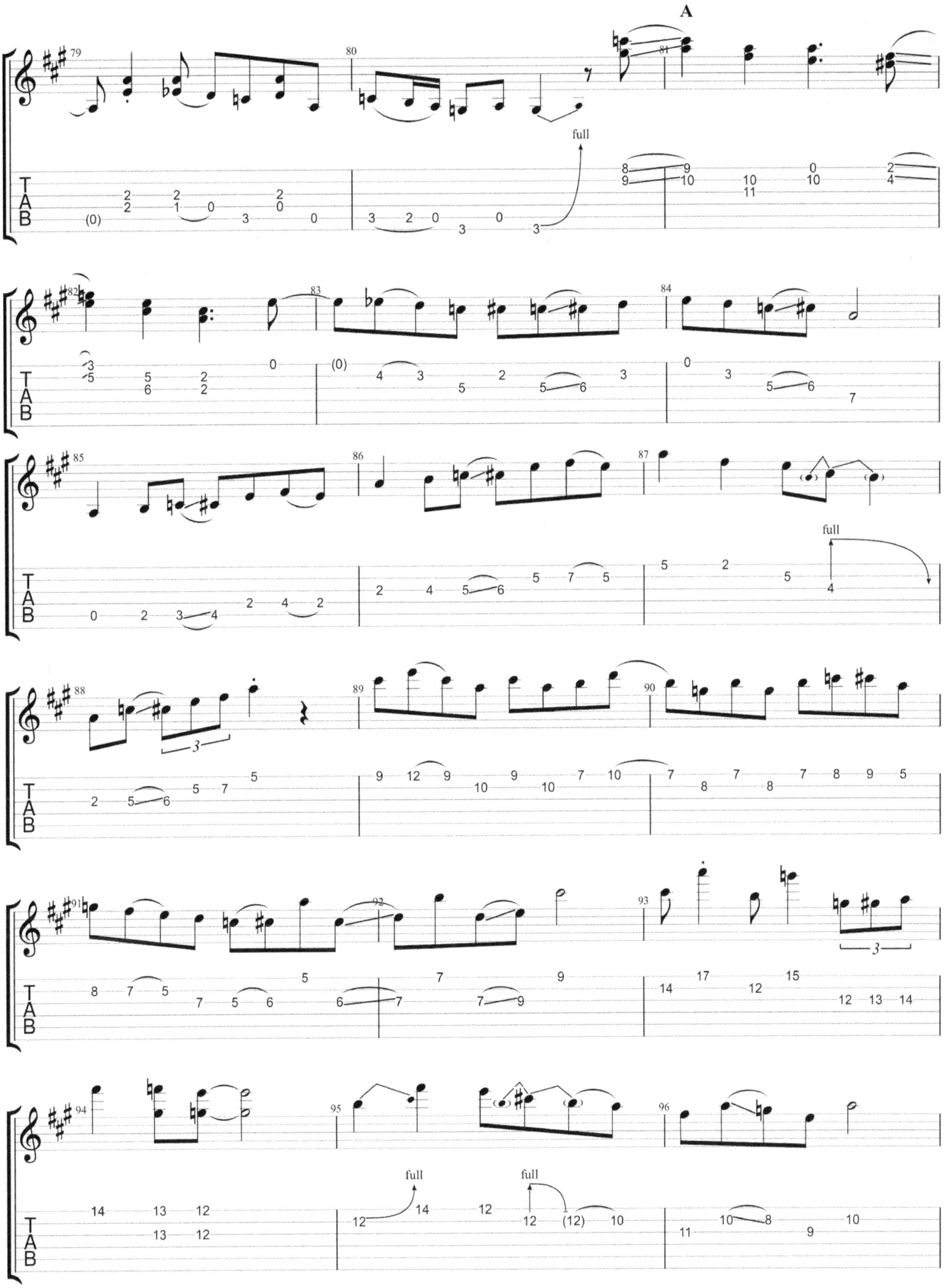
A
full
full
full
full

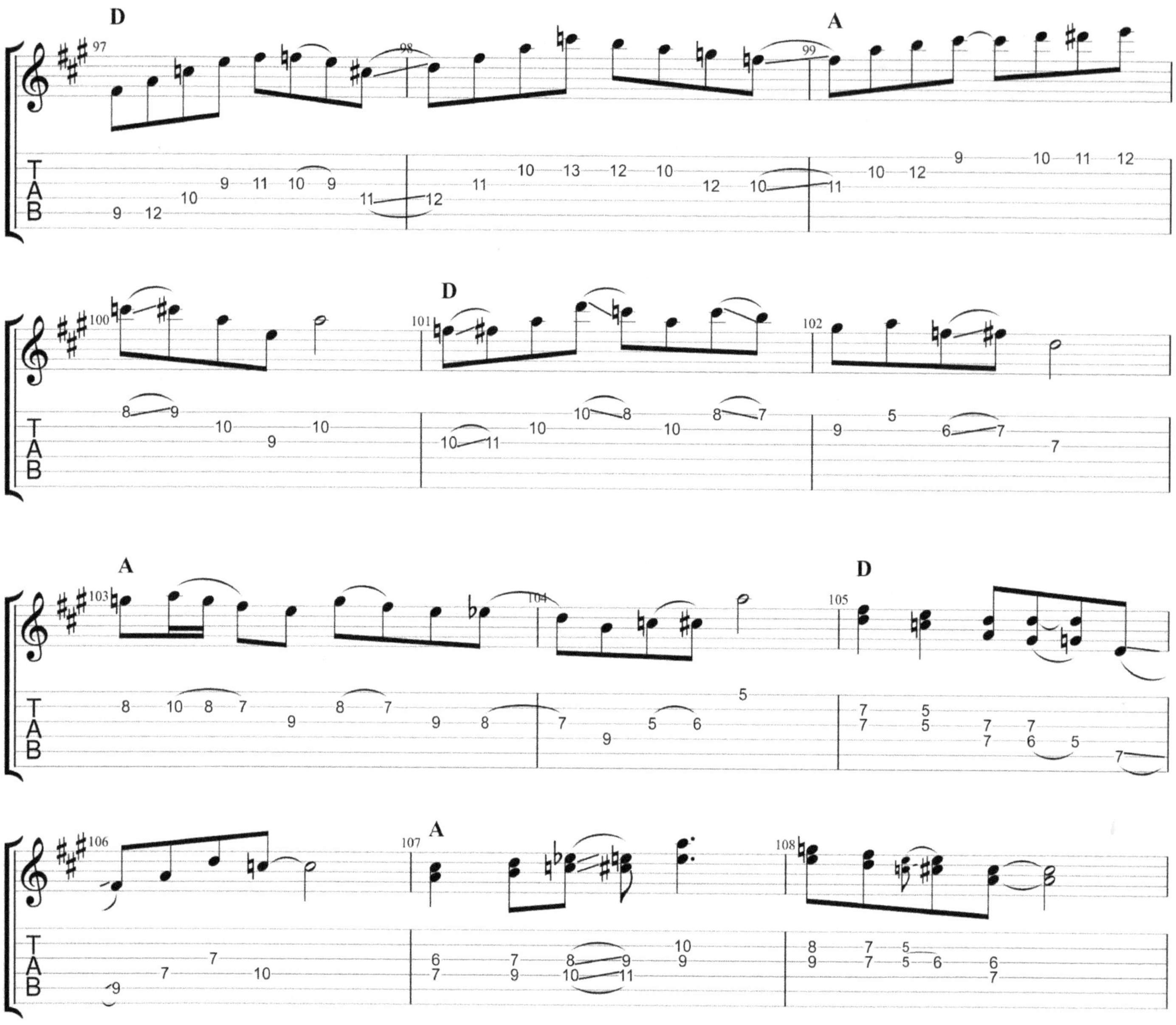
D
A
D
A
D
A

Isso não é uma coisa fácil de aprender, por isso, para facilitar as coisas, incluí duas faixas de apoio: uma a 180 bpm e uma mais lenta a 135 bpm para você praticar no início!

Lembre-se: não é apenas sobre tocar os *licks* que eu compus. Tente tocar suas próprias ideias, ou apenas retrabalhe e transponha os *licks* de outro lugar do livro (ou dos seus próprios estudos).

Conclusão

Se você chegou até aqui, é seguro dizer que você se equipou com tudo que é necessário para tocar a maioria dos solos de alto nível do country.

Indo em frente, você deve se concentrar tanto na velocidade quanto na precisão, mas lembre-se de que elas sempre são inibidas pela tensão em seu corpo. Introduzir tensão na sua técnica pode produzir resultados a curto prazo, mas, a longo prazo, pode produzir problemas mais sérios relacionados à fisiologia da sua execução. Não é fácil reverter a síndrome do túnel do carpo, por isso, vá com calma e mantenha-se relaxado.

Como em qualquer jornada musical, é importante ouvir a música que você quer tocar.

Quando eu estava passando por essa parte do meu desenvolvimento técnico, eu gostava muito de Brent Mason e, embora haja uma grande quantidade de conhecimento em seu álbum do Hot Wired, você encontrará ainda mais em seus trabalhos de sessão. Confira www.allmusic.com para ver mais de 1200 créditos que ele tem em discos e ouça. Seu trabalho com Alan Jackson e Mark O'Connor (em particular, o solo em Pick It Apart) irá surpreendê-lo!

Não há escassez de guitarristas empolgantes para conferir e investigar. Johnny Hiland é um nome óbvio, com canções como Barnyard Breakdown fornecendo uma enorme quantidade de informação melódica para ser aproveitada. E não deixe de conferir os jovens guitarristas que estão surgindo e causando impacto, como Andy Wood, Guthrie Trapp e Daniel Donato.

Muitas vezes, o melhor lugar para apreciar esses guitarristas incríveis é o YouTube. Você encontrará rapidamente uma incrível coleção de vídeos, exibindo-os no estúdio e performances ao vivo. Não há melhor maneira de desenvolver sua própria forma de tocar do que ver grandes guitarristas tocarem todas as músicas que você provavelmente tocará em uma banda de country.

Em seguida, conheça músicos com gostos parecidos, que apreciam o que você faz e toque com eles. Se você não consegue encontrar músicos do country, encontre o pessoal do blues e coloque um toque country nas coisas. Você sempre se tornará um melhor músico ao tocar com pessoas reais.

Você também pode querer cavar mais fundo no mundo do swing, do jazz ou até mesmo do rock and roll. Estes gêneros complementam o country como estilo. Seja os acordes que você encontrará no jazz, ou os ritmos intensos do rock and roll (um gênero popularizado por músicos country tocando rhythm and blues), você encontrará novas influências emocionantes para trazer à sua performance de country, e trazer um toque deste estilo para esses gêneros incríveis.

Boa sorte, e mantenha-me informado do seu progresso!

Levi

.

Outros Livros da Fundamental Changes

O Guia Completo para Tocar Blues na Guitarra: Livro Um – Guitarra Base

O Guia Completo para Tocar Blues na Guitarra: Livro Dois – Frases Melódicas

O Guia Completo para Tocar Blues na Guitarra: Livro Três – Além das Pentatônicas

O Guia Completo para Tocar Blues na Guitarra – Compilação

O Sistema CAGED e 100 Licks de Guitarra Blues

Mudanças Fundamentais na Guitarra Jazz

Dominando o ii V Menor na Guitarra Jazz

Solos na Guitarra Jazz Blues

Escalas de Guitarra Contextualizadas

Acordes de Guitarra Contextualizados

Primeiros 100 Acordes Para Guitarra e Violão

Dominando Acordes de Jazz na Guitarra

Técnica Completa de Guitarra Moderna

Dominando a Guitarra Funk

Dominando Leitura de Notação na Guitarra

Guitarra Rock CAGED

Guia Prático De Teoria Musical Moderna Para Guitarristas

Lições de Guitarra Para Iniciantes: O Guia Essencial

Chord Tone em Solos na Guitarra Jazz

Guitarra Base Heavy Metal

Guitarra Solo Heavy Metal

Guitarra Metal Progressivo

Solando Com Pentatônicas Exóticas

Distribuição de Vozes na Guitarra Jazz

Guitarra Blues Dedilhada

Método Completo de Violão DADGAD

Guitarra Country Para Iniciantes

Método de Guitarra Solo Iniciante